Bathroom Esthetic with Essential Oil

エッセンシャルオイルを
効果的に使う
お風呂でできるお手軽エステ

監修：佐々木 薫
Kaoru Sasaki

FUTABASHA

contents

STEP 1 | INTRODUCTION 005
知っておきたい入浴の美人効果
お湯につかって気持ちがいい理由 006
アロマテラピーとの相乗効果 008
入浴とマッサージの深い関係 010
ひとりでできるセルフマッサージ法と足の反射区をチェックしておきましょう 011

STEP 2 | BASIC 013
ボディケアグッズの基本的な作り方
必要な器具 014
バスオイル 015
バスソルト 015
バスフィズ 016
ローション 017
パック 018
クリーム 019
M＆P石けん 020
スクラブ 021
シャンプー 022
ヘアカラー 022
コラム：材料と器具の購入先 024

STEP 3 | DIET 025
スリムになりたい!!
上手に汗をかく入浴方法 026
とにかくダイエットしたい 028
代謝のいい体になる 030
気になる部分をすっきりさせたい 032

STEP 4 | SKIN CARE
素肌美人になりたい ……… 035

- 小じわとたるみ ……… 036
- 日焼けした後で ……… 038
- ニキビなんかに負けない ……… 040
- シミとくすみの対策 ……… 042
- カサカサ乾燥肌に ……… 044
- 毛穴を引き締める ……… 046
- オイリースキンに ……… 048
- 全身のスキンケアに ……… 050
- ヘアケアに ……… 052
- やさしく髪を染める ……… 054
- コラム：あなたの肌や髪に合った精油を選びましょう ……… 056

STEP 5 | BODY CARE
体のトラブルを軽くしたい ……… 057

- 足のむくみと疲れに ……… 058
- コラム：足の疲れをほぐすフットマッサージ ……… 059
- 冷え性の解消に ……… 060
- 腰痛・肩こりを軽くしたい ……… 062
- PMSから解放されたい ……… 064
- つらい花粉症に ……… 065
- 二日酔いをすっきりと ……… 066
- 目を休めたい ……… 067
- コラム：シャワーの上手な使い方 ……… 068

STEP 6 | LIFE
やさしい気分で暮らしたい ……… 069

- 入浴時間と空間にひと工夫しましょう ……… 070
- 自分に自信がもてるように ……… 071
- 集中力を高めたい ……… 071
- イライラを解消したい ……… 072
- 今日1日の疲れをほぐす ……… 072
- ぐっすり眠りたい ……… 073
- 恋する気持ちを高めたい ……… 074
- 明るい気分になりたい ……… 075
- 朝の目覚めをシャキッとさせる ……… 075

精油効能事典 ……… 076

はじめに

　ほんの少し手間をかけ、ほんの少し工夫を加えるだけで、私たちが何気なく過ごしている日常の時間は想像以上に豊かで楽しいものへと変化します。

　食事の時間は工夫する価値のある最有力候補だと思いますが、お風呂の時間もそれに負けないぐらい、いえ、ひょっとしたらそれ以上に有意義で魅力的な時間にできるのではないかと私は考えています。

　バスタイムはあなたがあなた自身だけのために使える時間ですし、目的も「きれいになる」ことと「気持ちよくなる」こと以外にありません。どう工夫するかはあなたの自由、しかも工夫の結果は、すべて「きれい」と「気持ちいい」に返ってくるのです。

　もちろん、バスタイムに工夫を加えるには準備が必要です。準備のための基礎知識として、本書ではアロマテラピーやハーブを利用する入浴の仕方、ボディケアグッズの作り方・使い方を提案しています。植物の力を生かすこれらの方法が、バスタイムの工夫とベストマッチするからです。

　提案する方法はできるだけ簡単なものに絞っていますので、初めてハーブや精油を使うという人でも抵抗無く試してもらえると思います。まずは何かひとつ実行してみましょう。そこから工夫の輪を広げて、どんどんきれいに、そしていい気持ちになっていってください。

●注意点
本書で使用する精油は、原液を直接肌につけたり飲用したりしない限り安全ですが、体質や体調によってごくまれに皮膚アレルギーを起こす場合があります。使用する前に皮膚の柔らかい部分に少量を塗布するパッチテストをして、赤くなったりかゆみがでたときは使用を中止しましょう。また、使用中にアレルギー症状がでた場合は、すぐに水で洗い流して医師の診察を受けてください。

STEP❶ | INTRODUCTION
知っておきたい入浴の美人効果

お風呂に入れば、気持ちいいし、さっぱりするし、ゆったりもします。
でも、「なぜ?」と聞かれたら……。まず、その「なぜ」を考えてみましょう。
お風呂に入ることで、私たちの体にどんな変化が起こっているのかを知れば、
お風呂でスキンケアやボディケアをする意味がわかってきます。

STEP 1
INTRODUCTION

お湯につかって気持ちがいい理由

リラックスの神経を刺激する

　お風呂に入って気持ちがいいと感じる最大の理由は、心身ともにリラックスした状態になるからです。ではなぜリラックスできるのでしょうか？

　リラックスするかどうかは、私たちの体内にある自律神経の働きに左右されます。自律神経は私たちの意志とは無関係に周囲の状況などに合わせて、内臓の働きやホルモンの分泌をコントロールしている自動調節機能で、正反対の働きをする交感神経と副交感神経とがヤジロベエのようにバランスをとって体の正常な状態を保っています。緊張したとき手に汗をかいたり心臓がバクバクしたりするのは、テンションを上げようと交感神経が強く働くからですし、夜になると眠くなるのは副交感神経が強く働いて体を休ませようとするからです。

　お風呂に入ってリラックスするのも、この副交感神経の働きが強くなるからです。リラックスしているかどうかはアルファ波という脳波の増加で判断できるのですが、ややぬるめ(38～40度)のお風呂につかっていると、ほとんどの人の脳波でアルファ波が増えます。体の奥の温度上昇が副交感神経を刺激するといわれていますから、あたたかい感じがリラックスをよぶ冬のたき火や陽だまりの効果と同じかもしれません。

お湯の圧力とアルキメデス

　お風呂に入ると足や腰などの筋肉疲れが軽くなります。とくに立ち仕事が続いた日など、むくんだ足がほんとうにスッキリします。リラックスの信号だけでこうなるはずがありませんから、もっと別の理由がありそうです。

　ヒントはお湯の中で体にかかっている水圧です。まんべんなく圧力を受けているのであまり感じませんが、和式の深めのバスタブだとウエストが3～4cm縮むぐらいの水圧がかかっています。この圧力のおかげで血液の循環が良くなり、筋肉の疲労やむくみが軽くなるのです。

　水の力ではもうひとつ浮力もばかにできません。「物は押しのけた水と同じ重さの浮力を受ける」というアルキメデスの原理を思い出してください。ざっと計算すると、肩までしっかりつかる全身浴で水中の体重はほぼ10分の1になります。バスタブにつかっている間、足首やひざ、腰の関節は体重から開放されるのです。

お湯だけで体もきれいに

　体がさっぱりときれいになった感じがするのも「気持ちいい」理由のひとつでしょう。体や髪を洗うのだから当然だと思うかもしれませんが、そうではありません。石けんやシャンプーをまったく使わず、ただお湯につかって汗を出すだけで体はじゅうぶんにきれいになります。私たちの皮膚には皮脂腺があって肌の健康を保つ皮脂が分泌されています。入浴で体温が上がると皮脂の分泌が活発になって、自然なスキンケアが行われる仕組みになっているのです。皮脂を落とすのでスポンジやタオルで洗い過ぎないほうがいいという専門家もいるぐらいです。もちろん、自然なスキンケアを計算に入れて肌にやさしい洗い方やケアをすればもっといいのはいうまでもありません。

INTRODUCTION | STEP 1 | BATHROOM ESTHETIC WITH ESSENTIAL OIL | 007

STEP 1
INTRODUCTION

アロマテラピーとの相乗効果

植物の香りと癒しの作用

　この本ではSTEP2以降で紹介する入浴方法やお風呂で使うボディケアグッズ作りに、アロマテラピー（芳香療法）の方法をたくさん取り入れています。入浴とアロマテラピーの相性がとてもいいと考えるからです。
　アロマテラピーというのは「芳香療法」と訳されるとおり、植物の香りの成分を利用した民間療法のひとつです。植物の香りを利用する療法といっても漠然としていますが、例えば私たちはある種の香りをかいだときに「なつかしさ」がこみあげたり「悲しい感じ」がしたり「元気」がでたりします。どんな香りにどんな反応を示すかは人さまざまです。しかし、多くの人に同じ反応を起こさせる香りを特定できれば、薬のように使うことができます。また、もっと直接的に香りの化学成分を調べ、どういう作用があるかを見極めて使うこともできます。多くの植物の香りにこの両面からアプローチして、療法の体系を作っているのがアロマテラピーです。
　実際のアロマテラピーでは、植物の香りの成分を抽出して濃縮したエッセンシャルオイル（精油）を使います。オイルといってもオリーブオイルやココナッツオイルのような油脂ではない（有機化合物です）ので、1度にたくさん使うことはありません。石けんを作るといった特殊な場合をのぞくと、数滴から複数の精油を組み合わせてもせいぜい10数滴を使い、香りを漂わせる芳香浴、スキンケアやボディケア用品作り、入浴剤、マッサージオイルに混ぜたマッサージなどを行います。

吸入と肌からの吸収

　精油の成分が体内に入るルートはふたつあります。鼻と口からの「吸入」と肌からの「吸収」です。吸入では香りの成分が鼻の奥にある嗅覚器官を刺激して、神経回路を使って香りの情報が脳にストレートに伝えられます。香りが人の感情に作用するメインルートです。精油によって作用が違うので、ラベンダーでリラックスしたり、ローズマリーで集中力がアップしたり、イランイランでちょっとセクシーな気分になったりするわけです。吸入された成分の一部は気管から肺に入り、血液で全身に運ばれます。
　肌からの吸収はマッサージオイルに含まれる精油の成分が皮膚から浸透するルートで、精油のもっている各種のスキンケア作用が直接発揮されるほか、毛細血管から血管に入って全身に運ばれます。

湯気と温度がアシスト役に

　精油の成分が体内へ入るルートを考えれば、アロマテラピーと入浴の相性の良さはすぐにわかります。入浴剤に利用していれば、毛穴が開いているので肌からの吸収がスムーズになります。これは入浴後にマッサージする場合も同じです。また湯気にのって香りが浴室内に広がりやすく、呼吸量が多くなるので広がった香りを吸入する量も多くなります。前項で説明した入浴の効果でアロマテラピーの効果がより高まるという利点もあります。例えば、アルファ波が増えるぬる目のお湯に心を鎮静させる精油の入浴剤を入れれば、充実のリラックスタイムが得られるのです（リラックス以外の入浴効果と精油の組み合わせもあります）。

STEP 1
INTRODUCTION

入浴とマッサージの深い関係

血液の流れが良くなる

　温泉に行くと脱衣場にある効能表に筋肉痛、肩こり、腰痛などの文字をよく見かけます。マッサージからも肩こりや腰痛の解消を連想しますから、効果はよく似ています。
　温泉の効能は硫黄泉とか重曹泉などといった泉種別に含まれている成分によるものが多いのですが、こと筋肉痛や肩こりについてだけ見れば、成分以上に最初に説明したお湯につかっているときの水圧の効果が大きいと考えられます。温泉地ならお風呂も大きくて深く、あぶくが出ていたりうたせ湯があったりしますから、よけいに効果があるのでしょうが、基本的には家庭での入浴と同じで水圧がポイントです。水圧が皮膚の下の血管にもかかって血液やリンパの流れを良くしてくれるおかげで、筋肉に滞っていた疲労物質(乳酸です)などが押し流されて痛みやコリが軽くなるのです。一方のマッサージはどうかというと、固くなった筋肉を押したりもんだりするのは血流を良くするのが主目的ですから、効果の仕組みは同じです。入浴で全体をほぐし、マッサージでトラブルのある部分を集中的にほぐせば相乗効果が得られるというわけです。

筋肉がリフレッシュする

　専門家のマッサージは専用のマッサージ台などに横たわって受けるのが普通です。上半身だけのマッサージをいすに座って受けることはあっても腰やひざではありえませんし、どの部分にしろ立った姿勢でマッサージを受けることはありません。筋肉や関節をできるだけリラックスさせているほうがマッサージしやすく効果も上がるからです。
　入浴時の水の浮力を思い出してください。バスタブの大きさにもよりますが、お湯につかっているときとくに下半身の筋肉や腰、ひざなどは浮力のおかげでリラックス状態にあります。血流促進の効果も手伝って相当にリフレッシュするといってもいいでしょう。筋肉と関節が柔軟になり、マッサージを効果的に受ける準備が整います。温泉にマッサージ器があったり、サウナにマッサージがつきものだったりするのは、こういう理由があるからなのです。

エクササイズとストレッチ

　入浴中の軽いエクササイズやストレッチにもマッサージと似た効果があります。例えば、足首の関節が痛いとしましょう。お湯の中でなら外でよりも大きく関節を動かせるはずですから、十分にストレッチできます。ストレッチにも血液の循環を良くする効果があるので、痛みの軽減と同時に疲労回復にもなるのです。
　また、水の抵抗を利用すれば簡単な関節や筋肉の強化も可能です。水中で水を蹴ったり、押したり…水の抵抗は案外大きなものですから軽いダンベル体操ぐらいのエクササイズになります。この本でエクササイズやストレッチの方法を紹介することはできませんが、ぜひ入浴のメニューに加えてください。

ひとりでできるセルフマッサージ法と
足の反射区をチェックしておきましょう

お風呂のあとにアロマテラピーのオイルマッサージをする。プロのセラピストにお願いできればベストですが、日常の習慣にするのはちょっと贅沢。お金をかけずに実践するなら、自宅でお風呂上がりに自分でできるマッサージポイントをこの機会にぜひ覚えておきましょう。

リフレクソロジー

　私たちの足の裏と甲などには体の各部位と密接につながっている部分があり、その部分への刺激が全身各部へ反射するように影響することから「反射区」と呼びます。この反射の理論をベースに、足の裏を刺激して体のトラブルを解消しようというのが「リフレクソロジー(反射療法)」です。

　左右の足の反射区は図のように分布しています。体の右半分は右足の反射区に対応し、左半分は左足というのが基本で(頭部だけは左右逆になる)、右の肩が悪いときは右足にある肩の反射区を刺激します。刺激の方法は手指でのマッサージ。この本では精油との相乗効果があるアロマテラピーのオイルマッサージを紹介します。どの反射区を刺激するかはトラブルによって異なりますが、全身各部に対応している反射区があり、点ではなくエリア(一定の範囲)を刺激すればいいということだけ知っておいてください。

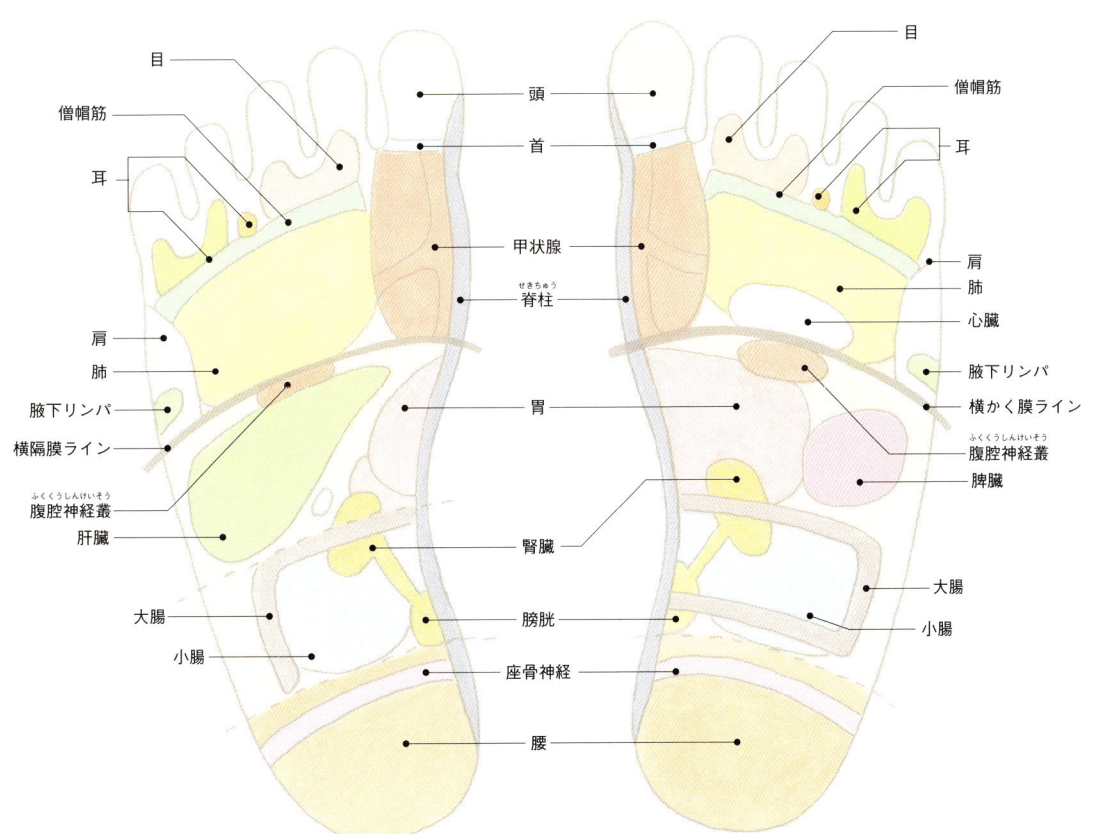

右足　　　左足

セルフマッサージのコツ

　自分で効果的にマッサージできる部位は、足の裏以外では顔、両手、両足、首筋それにおなかぐらいでしょう。これも個別の方法はテーマごとに紹介しますが、基本的には以下の5つのいずれかを使います。

- 「**軽擦法**」…手のひら全体を使って広い範囲をなでさする方法。刺激が軽いので、マッサージのウォームアップや仕上げにもよく使います。
- 「**強擦法**」…手のひらや親指の腹で強めにこする方法で、最もよく使います。
- 「**圧迫法**」…最も刺激の強い方法で「指圧」に似ています。足裏や手では主に親指の腹を使いますが、手のひらでおなかを押すこともあります。
- 「**揉捏法（じゅうねつ）**」…手指を使って皮膚や筋肉をつまむように揉む方法です。
- 「**運動法**」…関節を回したりねじったりする方法で、リフレクソロジーで足指の関節にある反射区の刺激に使います。

軽擦法　　　　　強擦法　　　　　揉捏法

圧迫法　　　　　運動法

STEP ❷ | B A S I C
ボディケアグッズの基本的な作り方

この本で紹介するいろいろな
ボディケアグッズの作り方をまとめてみました。
あくまでも基本ですから、
コツがわかってきたらあなただけの
オリジナルレシピに挑戦してみてください。

STEP 2
BASIC
必要な器具

必ず用意したい器具

- ビーカー…植物油とエッセンシャルオイルなど液体を混ぜ合わせるために多用します。目盛り付で30ml、100mlの大小2個あれば便利です。
- シリンダー…植物油の計量に使います。20ml量れるもの。
- ガラス棒、竹串…撹拌用。クリームなどは竹串を使用します。
- ステンレスの計量スプーン
- はかり…最低1g単位まで量れるもの。普通の台所用はかりでは役に立ちません。
- 乳鉢と乳棒…パウダーやパック剤、入浴剤を作るときに必要。乳鉢の代わりにボウルでもかまいません。
- 湯煎できるボウルか鍋
- 容器類…エッセシャルオイルは光で劣化したり金属やプラスチックに反応したりするので、作ったグッズを保存するならガラス製のフタ付き遮光ビンがベスト。ローション用やクリーム用、スプレー容器など作るものの用途に合わせて。
- ラベルシール…レシピや作った日付を書いて保存用容器にはります。

あると便利な器具

- ミキサー…ドライハーブを粉末にするときに。
- エッセンシャルウォーマー…ビーワックスなどをロウソクの火で温めて溶かす専用の器具です。
- ガラスのボウル…スクラブやバスソルトなどを多めに作るときに便利です。
- ゴムべら…パック剤などペースト状になるものを別の容器に移すときに。
- 石けんの型…M&P石けんを作るときに使います。

Bath oil

バスオイル（マッサージオイル・ヘアオイル）

お風呂でアロマテラピーを楽しむための最もベーシックなグッズで、
精油を植物油で薄めてバスタブに入れます。
マッサージオイルと髪のパックに使うヘアオイルの作り方も同じです。

材料

- ◎**植物油**…スイートアーモンドオイル、ホホバオイル、オリーブオイル、グレープシードオイルなど多くの種類があり、バスオイルでは1種類ですがマッサージオイルやヘアオイルでは2〜3種類ブレンドすることもあります。
- ◎**精油**…目的に合わせて1〜数種類使います。

1. 植物油を規定量だけビーカーに量り入れます。

2. 精油を加えてガラス棒で植物油とよく混ぜ合わせます。

3. 1回分のときは小皿に移すかビーカーのまま使用し、保存するときはガラスの遮光ビンに入れて冷蔵庫に置きます。日付とレシピを書きいれたラベルをはり、1カ月で使い切りましょう。

Bath salt

バスソルト

精油を天然塩に染み込ませてお湯に溶かす入浴剤です。
天然塩の発汗作用が最大の特徴で、
精油にドライハーブをプラスすることもあります。

材料

- ◎**天然塩**…たくさん種類がありますが、天然の物ならなんでもかまいません。
- ◎**精油**…目的に合わせて1〜数種類使います。
- ◎**ハーブ**…パウダーで使用する場合はドライハーブをミキサーで粉末状にします。精油と同じように目的に合わせて1〜数種使うときもあります。

1. ハーブを使うときは細かくくだくか粉末にして天然塩と合わせます。器具はボウルでもかまいません。

2. 乳棒でよく混ぜます。

3. 精油を入れてさらに練れば完成です。ハーブを使うときは出来上がりの入浴剤は布袋に入れて使います。

Bath fizz
バスフィズ

「こんなものまで作れるの」という驚きも楽しい細かく発泡する入浴剤です。
精油の効果に加えてシュワっと出るアワで血行が良くなる疲労回復効果も期待できます。

材料

- ◎**重曹、クエン酸**…このふたつがアワの素になります。
- ◎**コーンスターチ**…固める材料です。
- ◎**精油**…目的に合わせて1～数種類使います。
- ○**ハーブ**…使用する場合は粉末状にして。フィズの色付けにもなります。天然塩やスキムミルクもよく使います。
- ○**ハチミツ**…使うとフィズが固めやすくなります。グリセリンを使うこともあります。

1. 重曹、クエン酸、コーンスターチ、粉末のドライハーブなどパウダー類をすべて乳鉢に入れます。

2. 乳棒でよく混ぜ合わせます。

3. ハチミツを加え、乳棒でよく混ぜ合わせます。

4. よく練り合わせます。

5. 精油を加えてさらに練ります。

6. 1回分（大さじ3杯）ずつをラップに取り分けます。

7. 丸くして10分間ほどで固まります。使うときはラップをはがしてお湯に。できるだけ早めに使うようにします。

Lotion
ローション

界面活性剤や乳化剤を使用しない手作りでは、乳液ではなくローションがスキンケアの基本アイテムです。
同じ作り方で精油を替えれば、バスルームのカビ防止ローションなどもできます。

材料

- ◎ **精油**…目的に合わせて1〜数種類使います。
- ◎ **植物油**…肌の質や目的に合わせて選びます。
- ◎ **精製水**
- ○ **フローラルウォーター**…精油を作るときにできる芳香水。いろいろ種類があり、精製水の代わりに使います。
- ○ **グリセリン**…保湿効果を高めたいときに使います。
- ○ **無水エタノール**…植物油の代わりに使ったり、合わせて使ったりします。

1
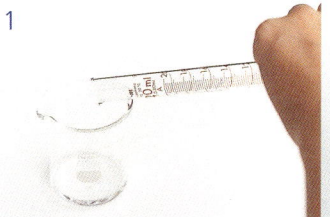
無水エタノール（または植物油）をシリンダーで量りビーカーに入れます。

2

精油を加えます。

3

グリセリンを使うときはここで加えます。

4

ガラス棒でよく混ぜます。

5
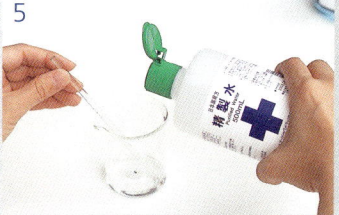
精製水（またはフローラルウォーター）を入れてさらに混ぜます。

6

日付ラベルをはったガラスの遮光ビンに入れて冷蔵庫で保存します。使用期限は約2週間です。

Pack
パック

フェイシャルパックに使用するパック剤です。

肌の汚れや分泌物をきれいにする吸着力、吸収力にすぐれていて、

それ自体もミネラル豊富なクレイをベースに使用します。

材料

- ◎ **クレイ**…カオリン、モンモリオナイト、レッドクレイ、ガスールなど4～5種類の中から肌の質に合わせて1種類選びます。
- ◎ **植物油**…肌の質や目的に合わせて1種類選びます。
- ◎ **精油**…目的に合わせて1～数種類使います。
- ○ **精製水**…またはフローラルウォーター
- ○ **ハーブ**…使う場合はドライハーブを粉末にします。

1

クレイを乳鉢に入れます。

2

精製水を加えて乳棒でよく練ります。

3

植物油を加えます。

4

精油を加えます。

5

ペースト状になるまでよく練り合わせます。

6

手で固さを確認してから顔にパックし、5分間ぐらいで洗い流します。パック剤は1回で使い切りましょう。

Cream
クリーム

ミツバチが巣を作るために分泌するビーワックス(ミツロウ)をベースにクリームを作ります。
フェイスクリームのほかハンドクリーム、リップクリーム、
香水のように使う練り香も同じ作り方です。

材料

- ◎ **ビーワックス**…黄色でやや匂いもある未精製と白くて無臭の精製タイプがあります。使用感は同じですが、フェイスクリームには精製タイプを使います。
- ◎ **植物油**…目的に合わせて1〜2種類使います。
- ◎ **精油**…目的に合わせて1〜数種類使います。
- ○ **フローラルウォーター**…軟らかさを増すためによく使います。

1
ビーワックスを量ってエッセンシャルウォーマー(または湯煎用のボウル)に入れます。

2
植物油を入れます。

3
エッセンシャルウォーマー(または湯煎)で溶かします。

4
シアバター(植物油)を入れます。液体状の植物油なら最初にすべて入れてかまいません。完全に溶かし、混ぜ合わせます。

5
フローラルウォーターを使う場合はここで入れます。湯煎であらかじめ温めておきましょう。少量ずつ加えながらよく混ぜます。

6
クリーム容器に移します。

7
竹串でよく混ぜます。

8
やや白っぽくなってきたところで精油を加えます。

9
竹串でよく混ぜてクリームに固まったら完成です。

M&P Soap

M&P石けん

M&PはMelt&Pourの略で「溶かして注ぐ」という意味。
テクニックと時間が必要な苛性ソーダの石けんと違い、
とても早く簡単にお手製のきれいな石けんができます。

材料

◎ ソープベース…市販されている無色無臭の石けんの素です。
◎ 精油…目的に合わせて1〜数種類使います。
○ ハーブ…ドライハーブを飾りに埋め込んだり、粉末にして石けんの色づけに使います。

1

ソープベースを適当な大きさにカットしてビーカーに入れます。

2

電子レンジで溶かします(湯煎でもかまいません)。

3

精油を加えます。

4

ガラス棒でよく混ぜ合わせます。

5

色付け用のハーブの粉末(写真はターメリック)を入れてよく混ぜます。

6

色が均一になったら石けんの型に注ぎ入れます。

7

常温なら1〜2時間、冷蔵庫だと約30分間で固まります。型から出して数日乾燥させれば完成です。

※ただし、乾燥時間が短いとやわらかい石けんになり、消耗しやすくなります。つまり乾燥時間は長いほうがリーズナブルな石けんに仕上がるということです。急ぎでない場合は、最低7日間は乾燥させてから使うことをおすすめします。

Scrub
スクラブ

古い角質を落として肌をリフレッシュさせるスクラブ。

クレイや米ぬか、天然塩などをベースにフェイススクラブ、

ボディスクラブなど洗う部位に合わせてさまざまなスクラブが作れます。

材料

- ◎ **米ぬか、天然塩、クレイ**…スクラブのベース。細かく砕いたオートミールを使うこともあります。
- ○ **海藻、ハーブ**…ベースに混ぜるドライハーブの粉末、昆布の粉などです。
- ○ **精油**…目的に合わせて1〜数種類使うこともあります。
- ○ **精製水**（またはフローラルウォーター）
- ○ **植物油**…必要に応じて1種類。ハチミツを使うこともあります。

1

ベースの材料とその他の粉末を乳鉢で混ぜます。（写真は天然塩と昆布粉）

2

植物油を入れます。

3

精油を加えます。

4

ペースト状になるまで練って完成。スクラブは1回で使い切れる分量を作ります。

Shampoo
シャンプー

市販されているシャンプーベース(石けんシャンプー)を使って
とても簡単に作れてしまうアロマシャンプーです。
精油の選び方で自分の髪質にぴったりのシャンプーにできるのが大きな魅力です。

材料

◎シャンプーベース…これだけでも使える無香料シャンプーです。
◎精油…目的と髪質に合わせて1～数種類使います。
○植物油…使うときは髪に栄養を与える椿油などを選びます。

1　シャンプーベースを量ってビーカーに入れます。植物油を使うときはビーカーに先に入れておきます。

2　精油を加えてガラス棒でよく混ぜます。

3　シャンプー用の容器に入れて日付のラベルをはります。使用期限は約1カ月です。

Hair colour
ヘアカラー

髪にまったくダメージを与えないだけでなく、
養毛効果まである植物の粉「ヘナ」を使ったヘアカラーです。
繰り返し染めていると髪がだんだん元気になってくるのがわかります。

材料

◎ヘナ…天然100％の染髪料です。
◎精製水
○ハーブ…染め色に変化をつけたいときにドライハーブの粉末をヘナに混ぜたり、ハーブティーを精製水の代わりに使います。

1　ヘナを必要なぶんだけ量りボウルに入れます。

2　精製水を少しずつ加えながら練ります。

3　よく練ってマヨネーズぐらいの固さになれば染められます。

column
STEP 2 | BASIC

材料と器具の購入先

ボディケアグッズを作る材料や器具の購入先を一覧表にしてみました。食品以外の材料の多くはアロマテラピーの専門店で手に入りますが、店によっては販売していない物があったり、取り寄せが必要だったりすることもありますから、商品の有無をあらかじめ問い合せてください（○は一部しか置いていない場合があるという意味です）。

	アロマショップ	薬局	食材店	スーパー
精油	◎			
ドライハーブ	◎		○	○
ヘナ	○			○
植物油	◎		○	○
クレイ	◎			
フローラルウォーター	◎			
精製水		◎		
無水エタノール		◎		
ウォッカ			○	◎
ビーワックス	◎			
カカオバター	◎		○	○
シアバター	◎			
ハチミツ			◎	◎
グリセリン		◎		
天然塩	○		○	○
尿素パウダー		○		
アップルビネガー			○	○
コーンスターチ			◎	◎
米ぬか	○		◎	◎
海藻パウダー	○		○	○
クエン酸		◎	○	○
ソープベース	◎			
シャンプーベース	◎			
重曹	○	◎	◎	○
スキムミルク			◎	◎
ビーカー	◎			
ガラス棒	◎			○
シリンダー	◎			
計量スプーン	○			○
はかり				◎
乳鉢セット	◎			○
容器類	○			○
エッセンシャルウォーマー	◎			
石けんの型	◎			
ストレーナー	○			○

STEP ❸ | D I E T
スリムになりたい!!

女性にとって太っているかやせているかは、
理屈ではなく自分のイメージですから、
「もっとやせたい」と一度も考えたことのない女性は、いったい何人いるでしょう。
となれば、最初のテーマはやはりダイエット。
バスタイムを楽しみながら、永遠？の課題に挑戦しましょう。

STEP 3
DIET

上手に汗をかく入浴方法

とにかく汗を大量にかけばやせると思っていませんか？
たしかに汗をたくさんかけば**体重**は**減ります**。
でもそれは汗で出た**水分**の重さですから、
すぐに元に戻ります。
大切なのは入浴時の汗の量ではなく、
入浴時にどれだけエネルギーを使うかなのです。

エクササイズの代用なら全身浴

　入浴は、軽く運動するぐらいのエネルギーを使うのは確かなので、お風呂でダイエットは間違いではありません。ただし、その入浴方法は首までしっかりつかる全身浴、しかも熱めのお湯が条件です。
　全身浴にするのは水の圧力をフルに活用するためで、全身に圧力がかかれば心臓と肺はそのぶんだけ懸命にがんばろうとします。さらに熱いお湯という条件が加わると、活動の交感神経が強く働いて血圧、心拍数が上昇しテンションも上がってきます。つまりスポーツをするのと同じようなエネルギー消費状態になるのです。

伸び伸びリラックスなら半身浴

　汗をかく量だけを比べたら、バスタブに長くつかっていられない熱いお湯での全身浴（長湯は意味がなく危険です）より、ぬるいお湯に長時間つかる半身浴のほうが多いかもしれません。しかし、いくら汗が出てもエネルギーの消費量はわずかなのでダイエットにはなりません。スポーツ選手でもないかぎり、エネルギーをいっぱい使う運動を平気で30分間も続けられるわけがありませんから、考えてみれば当然ですね。

　半身浴の長湯がいいのは、気持ちよくリラックスしたいとき。体重ではなくて、心を軽くさせる入浴方法なのです。

予想以上に効果の大きな部分浴

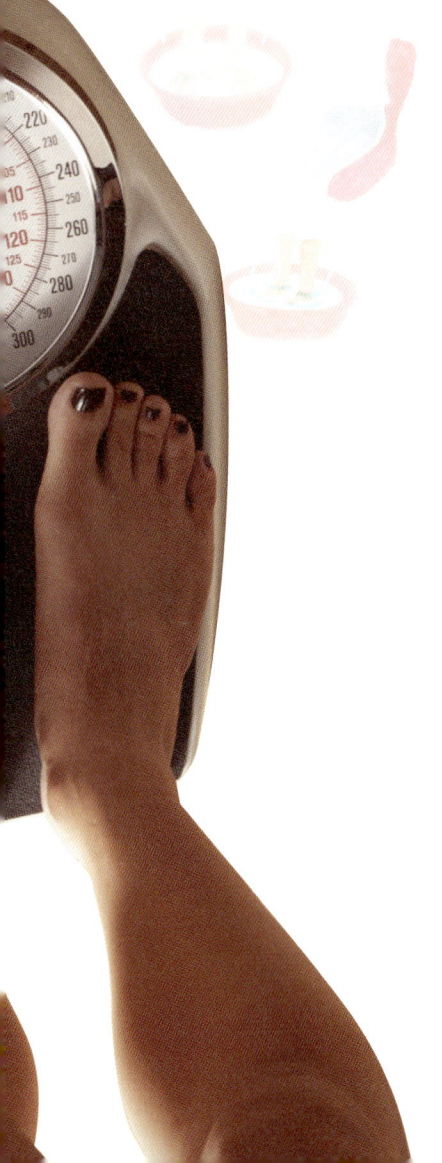

　時間がないときやお風呂に入れないときに、洗面器やバケツにはったお湯に手、足など体の一部だけをひたすのが部分浴です。足浴でむくみがすっきりすることはあっても、半身浴と同じくダイエット効果は期待できません。しかし、足だけしかお湯に入れていないのに体がぽっぽとしてくるなど、血液の循環を良くする効果は想像するより大きくて、疲労回復などに役立ちます。部分浴の時間は5〜15分間ぐらい、足浴はやや熱め、手浴はややぬるめのお湯を使います。

STEP 3
DIET

とにかくダイエットしたい

お風呂でエネルギーを消費する。
エクササイズをする代わりにバスタイムを活用するという、
最もストレートなダイエット方法からスタートします。

エクササイズの代用なら全身浴

　ストレートなダイエットには、熱いお湯での全身浴しかありません。まず、お湯の温度は42〜43℃。ぬるいお湯(38〜40℃)との差はたった2〜3℃でも相当熱く感じるはずですから、いきなり入らずにシャワーで十分にかかり湯をしましょう。ゆっくりと肩まで入ったら2〜3分間熱さに耐えて一度出ます。2〜3分という時間の短さがポイントです。熱いお湯でエネルギーを使うのは血管が一時的に収縮するためですが、その収縮は2〜3分間しか続かないので、それ以上長く入っていてもエネルギー消費量はあまり増えないのです。5分間ほど休むと体は元の状態になるので再度2〜3分間ガマン。これをもう1回。5分間の休憩をはさみながらのガマン3回で1日分のメニューは終了です。ガマン3回分のエネルギーの消費量は300〜400kcalにもなり、1時間ぐらいのウォーキングに相当します。

食欲を抑えてくれるバスフィズ・バスソルト

ペパーミントのバスフィズ

ペパーミントのさわやかな香りはイライラを抑えて穏やかな気持ちにしてくれるので、食べ物の誘惑に負けそうなとき強い味方になってくれます。ここでは、ドライハーブのローズマリーも使ってバスフィズを作ります。

RECIPE [1回分]
- ◎重曹…大さじ5
- ◎クエン酸…小さじ5
- ◎コーンスターチ…小さじ2
- ◎天然塩…小さじ2
- ◎ローズマリーパウダー(ドライハーブ)…小さじ1
- ◎ペパーミント(精油)…10滴
- ◎ハチミツ…小さじ1

作り方 発泡の素になる重曹とクエン酸にコーンスターチ、天然塩、ミキサーで粉末にしたローズマリーを加えてよく混ぜ、ハチミツを入れて練り合わせます。精油を加えてさらに練ってからラップに取り分けて丸めれば完成です(レシピの分量だと3個できます)。10分間ほどで完全に固まります。(P16参照)

使い方 1個のラップをはがし、バスタブのお湯に入れて発泡させます。

フェンネルのバスソルト

発汗作用の強いバスソルト。食欲を抑える作用と利尿作用を持っていて、昔からダイエットのハーブとして重宝されてきたフェンネルで作ります。

RECIPE [1回分]
- ◎天然塩…大さじ2
- ◎フェンネルパウダー(ドライハーブ)…小さじ1
- ◎ペパーミント(精油)…2滴

作り方 天然塩とミキサーで粉末にしたドライのフェンネルを乳鉢かボウルに入れて混ぜます。ペパーミントの精油を加えてよく練り合わせれば完成です。(P15参照)

使い方 レシピは1回分ですから、お風呂に入る直前に作ってそのままバスタブに入れ、手でよく混ぜてから入ります。左のダイエット入浴をしないときでも、お湯の温度は42〜43℃の高温に。交感神経が優位になって胃腸の働きを抑えます。食事の20〜30分前に入るのが効果的です。

STEP 3
DIET

代謝のいい体になる

新陳代謝が活発なら、
使うエネルギーもそのぶん多くなります。
代謝のいい体になることこそ、
ダイエットの基本です。

エネルギーの代謝を高めてくれるバスオイル・バスソルト

グレープフルーツのバスオイル

ダイエットに向く精油の代表格といえるのがグレープフルーツです。血液やリンパといった体液の循環を良くする作用、リフレッシュ作用、セルライトを減少させる作用など代謝に関係の深い作用を多くもっています。とりわけ、脂肪の代謝率を高めてくれる作用と便秘を軽減する作用は、若い女性に見逃せないポイントでしょう。

RECIPE
[1回分]

◎スイートアーモンドオイル…5ml
◎グレープフルーツ(精油)…4滴

作り方　ビーカーにスイートアーモンドオイルを入れ、グレープフルーツの精油を加えてガラス棒でよく混ぜれば完成です(P15参照)。精油を薄める植物油はスイートアーモンドオイル以外にホホバオイルでもかまいません。また、グレープフルーツはほかの柑橘系の精油と相性がいいので、レモンやオレンジ、ネロリなどとブレンドするのもおすすめです。

使い方　レシピは1回分ですから、ビーカーから直接お湯に入れ、よく攪拌してから入浴します。

クラリセージとネロリのバスソルト

40代の中年期に入ると基礎代謝量が減ってくるためにどうしてもダイエットしにくい体になりがち。女性の場合は更年期に伴ういろいろな症状がそれに拍車をかけることもあります。そんな人のためにはクラリセージとネロリを使うバスソルトがおすすめです。

RECIPE
[1回分]

◎天然塩…300g
◎クラリセージ(精油)…10滴
◎ネロリ(精油)…5滴

作り方　ボウルに入れた天然塩に精油を加えてよく混ぜるだけという、バスソルトの一番ベーシックな作り方です。レシピは6回分なので、フタ付きの容器(ガラス製またはポリエチレン製)に入れて保存し、1カ月で使い切るようにしてください。容器に作った日付とレシピを書いたラベルをはっておきましょう。

使い方　1回分は大さじ2杯が目安です。バスタブに入れよく混ぜて入浴します。クラリセージには女性器官に対する強壮効果があって更年期からくるのぼせやストレスの軽減に役立ってくれます。また、ネロリは抗うつ作用が強いので、沈んだ気持ちを明るくしてくれるはず。元気が出れば代謝も活発になります。

ハーブ湯で半身浴

ローズマリーのハーブ湯

草原のようなフレッシュな香りのローズマリーには、血液の循環を良くする、女性器官を強壮する、体を温めるなどたくさんの作用が期待でき、中世のヨーロッパでは若返りのシンボルともいわれていました。そんなローズマリーのドライハーブを使うハーブのお風呂です。

RECIPE [1回分]
- ローズマリー(ドライハーブ)…20g

作り方&使い方
ローズマリーを木綿の袋(ハンカチにくるんでハーブが外に出ないように結んでもいい)に入れてバスタブにひたし、30分くらいおいて香りがたってきたら入浴します。ダイエットが目的ですから熱いお湯での全身浴でもいいのですが、ハーブ湯の効果を生かすならやはり長く入っていられる半身浴がベターです。38〜40℃に湯温を設定して、胸までの半身浴で20〜30分間ゆっくりとローズマリーの香りにひたりましょう。

マッサージオイルを使って

ジュニパーとマンダリンのオイル

精油と植物油でマッサージオイルを作り、お風呂上がりに足裏の反射区をマッサージします。ジュニパーとマンダリンには体の中にたまっている水分やセリュライトを体外に出す作用があるといわれています。また、マンダリンの香りはストレス解消の手助けにもなります。

RECIPE [1回分]
- グレープシードオイル(植物油)…30ml
- ジュニパー(精油)…2滴
- マンダリン(精油)…2滴

作り方
グレープシードオイルをビーカーに入れ、ジュニパーとマンダリンを加えてガラス棒でよく混ぜればできあがりです。1カ月は使えますから、ガラスの遮光ビンに入れて保存できるようにしましょう。(P15参照)

使い方
少量のオイルを手に取り、皮膚になじませるように足全体を軽擦します。そのあと、足親指の腹にある「脳下垂体」、土ふまずに近い「胃」と「腹腔神経叢」、親指下の「甲状腺」、かかとの「大腸」「小腸」の反射区を各1〜2分間ずつ強擦します。

STEP 3
DIET

気になる部分をスッキリさせたい

部分的に脂肪を減らすのは難しくても、
たるみがちな肌を引き締めることは可能です。
マッサージと簡単なエクササイズで、おなか、腕、
背中をスッキリさせましょう。

マッサージオイルを使って

ジンジャーのオイル

ジンジャーは体を温める効果があり、筋肉の疲れや筋肉痛を和らげてくれます。刺激の強い精油なので、幅広い用途とやさしい香りのラベンダーを合わせて使います。

RECIPE
[1回分]
◎スイートアーモンドオイル（植物油）…30ml
◎ジンジャー（精油）…2滴
◎ラベンダー（精油）…4滴

作り方　スイートアーモンドオイルをビーカーにとり、ジンジャーとラベンダーを加えてガラス棒でよく混ぜます。ガラスの遮光ビンに入れて保存し、1カ月で使い切るようにしてください。

使い方　手のひらにオイルをつけ、手のひら全体で手首から肩までをこすり上げるように軽擦します。腕を回して裏側も忘れずに。次に手のひらで円を描くように手首から肩へ軽擦します。

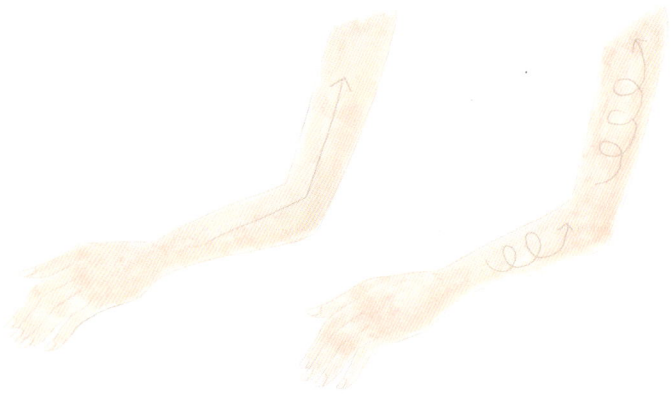

マッサージオイルを使って

フェンネルのオイル

おなかのマッサージにはストレス解消の効果もあり、オイルにブレンドするフェンネルには便秘を軽減する作用があるので一石二鳥です。ジンジャーと同じ理由からラベンダーを合わせます。

RECIPE
[1回分]
- ◎ ホホバオイル（植物油）…30ml
- ◎ フェンネル（精油）…2滴
- ◎ ラベンダー（精油）…4滴

作り方
ビーカーにホホバオイルを量り、フェンネルとラベンダーを加えてガラス棒でよく混ぜ合わせます。日付け入りのラベルをはった遮光ビンに入れて冷蔵庫に保存しましょう。

使い方
オイルをつけた手のひらを胃の上あたりに当て、左、下、右の順でおへその周りに時計回りの円を描くように4〜5回軽擦します。次にワキ腹と下腹の脂肪を両手でつまむように揉捏します。

ハーブ湯で

4種類のハーブをブレンド

背中の下のほうについたたるみも気になる部分です。発汗作用や利尿作用があって減量に効果を発揮する4種類のハーブをブレンドしたハーブのお風呂ですっきりさせましょう。

RECIPE
[1回分]
- ◎ フェンネル（ドライハーブ）…5g
- ◎ ペパーミント（ドライハーブ）…5g
- ◎ レモンバーベナ（ドライハーブ）…5g
- ◎ ジャーマンカモマイル（ドライハーブ）…5g

作り方 & 使い方
ガーゼのハンカチで作った袋かティーバッグに4種類のハーブをすべて入れ、中身が出ないように口をしっかりしばってバスタブのお湯に浸します。お湯の温度は38〜40℃、みぞおちまでの半身浴で20分間ぐらい入ります。お湯の中で上体を反らせたり、ひねったり軽い運動をしてもいいでしょう。

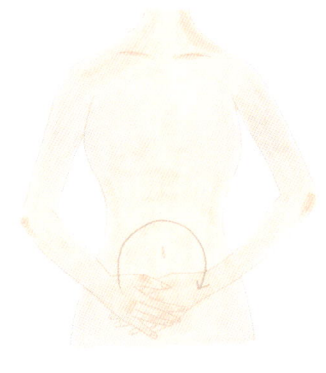

STEP ④ | S K I N　C A R E
素肌美人になりたい

お風呂できれいになるといえば、やはり肌と髪。
がんばれば、白くてすべすべの素肌と
しっとりつやつやの髪になっていくのを実感することができます。
回数を重ねるたびにどんどん自分に自信がわいてくる。
そんなバスタイムにしましょう。

STEP 4
SKIN CARE

小じわとたるみに

お風呂場の鏡の前でホッとひと息ついたとき、
真っ先に目に入るのが小じわとたるみ。
あと戻りのきくうちに、
できるだけ早くしっかりとケアしておきたいトラブルです。

マッサージオイルを使って

ローズでフェイシャルマッサージ

その減少が肌の老化につながるといわれているパルミトレイン酸を多く含むマカデミアナッツオイルに老化肌に効果の高いローズとサンダルウッドを加えたオイルで、気になる部分をマッサージします。

RECIPE
[1回分]

◎マカデミアナッツオイル（植物油）…30ml
◎ローズ（精油）…1滴
◎サンダルウッド（精油）…2滴

作り方 マカデミアナッツオイルをビーカーにとり、ローズとサンダルウッドを入れてガラス棒でよく混ぜれば完成です。日付ラベルをはったガラスの遮光ビンに保存し、1カ月以内に使い切ってください（P15参照）。

使い方 マッサージオイルを手指によくなじませ、中指と人差し指の腹で目の周囲（とくに小じわの出やすい目尻）を軽く圧迫します。次に人差し指以下の4本の腹を首筋に当て、円を描くように首の中央から耳の後ろへ向けて軽擦します。

パックで

ネロリのパック

肌にとてもやさしいクレイ「モンモリオナイト」をベースに、皮膚のハリを取り戻す効果があるネロリを使ったパック。練り合わせには、栄養が豊富で保湿効果の高いアボカドオイルを使います。

RECIPE
[1回分]

- ◎ モンモリオナイト(クレイ)…大さじ1
- ◎ 精製水…小さじ1
- ◎ アボカドオイル(植物油)…小さじ1
- ◎ ネロリ(精油)…1滴

作り方 乳鉢にモンモリオナイトを入れ、精製水を加えてペースト状に練ります。アボカドオイル、ネロリの順に加えてさらによく練れば完成です。パック剤は保存せず1回で使い切りましょう。

使い方 顔を洗って水気を取ってからパック剤を薄く塗り広げます。パックしている時間は5分間ぐらい。終わったら水で洗い流し、ローションで仕上げてください。

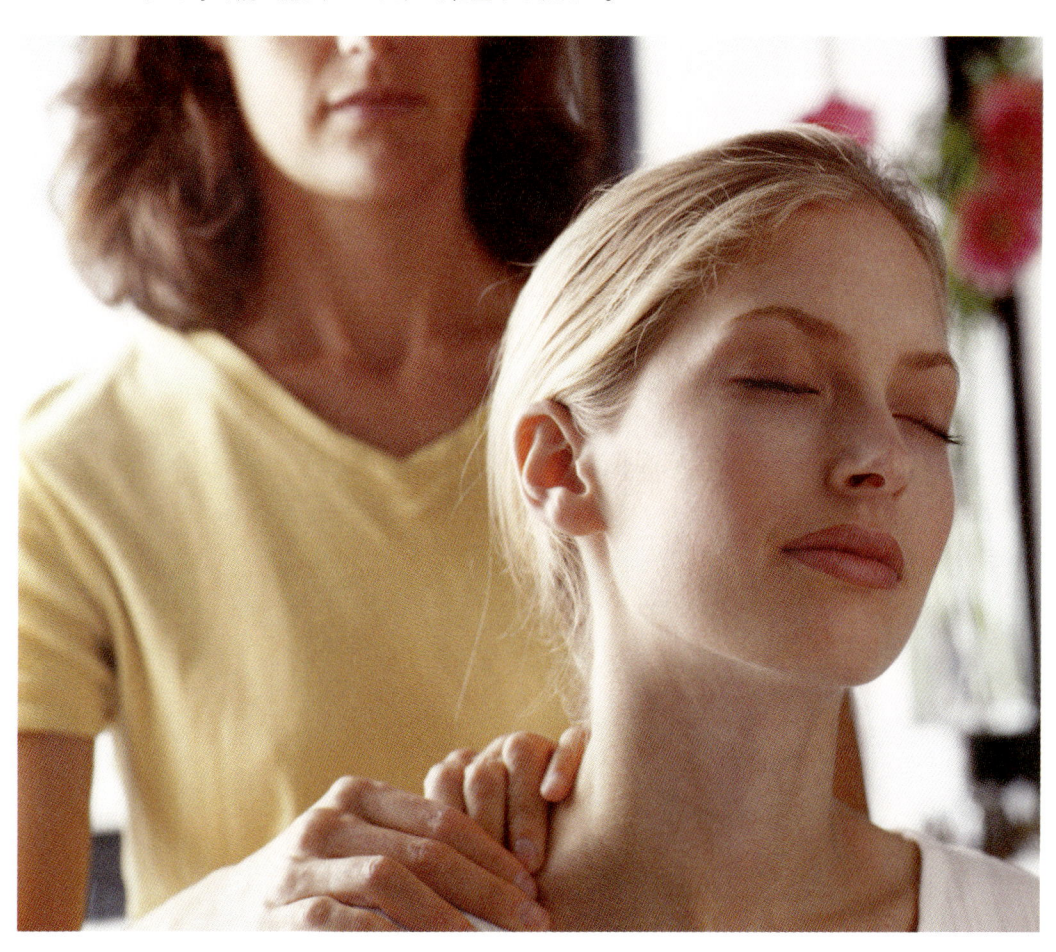

STEP 4
SKIN CARE

日焼けした後で

肌によくないのはわかっていてもついついしちゃうのが日焼け。
「まあ、いっか」で日焼けしてしまった後はヒリヒリ感のあるほてり止めと
しみ予防の二段構えでケアしましょう。

ローションで

ラベンダーのローション

精油の中で最も肌への刺激が少ないラベンダーは、消炎効果とほてりを抑える効果があるので日焼けにはもってこい。ローズウォーターとハチミツも使っていい香りのやさしいローションを作ります。

RECIPE
[1回分]
◎ローズウォーター(フローラルウォーター)…45ml
◎ハチミツ…5ml
◎ラベンダー(精油)…5滴

作り方 ローズウォーターをビーカーにとりハチミツを入れてよく混ぜます。ラベンダーを加えてガラス棒でよく混ぜればできあがりです。日付ラベルをはった遮光ビンで冷蔵庫に保存し、2週間ぐらいで使い切ってください。

使い方 適量をとってお風呂上りのほてった肌に。顔だけでなく肩や太ももなど、日に焼けて赤くなっている部分ならどこにでも使ってください。

フェイシャルオイルで

ローズヒップのオイル

ローズヒップオイルはドッグローズの種子を搾ってとる植物油で、皮膚の細胞を再生させたり保護する作用があり、しみの予防だけでなく小じわなど肌の老化全般に効果があります。ほかの植物油のように精油と混ぜても使いますが、ここでは単体で利用します。

RECIPE
[1回分]
◎ローズヒップオイル(植物油)…10ml

作り方 お風呂から上がってローションを使ったあと、ほほなどしみのできやすい部分に塗りましょう。また、マッサージ用のオイルとして使ってもかまいません。

マッサージオイルを使って

レモンのオイル

すっきりとさわやかな香りのレモンには、しみやくすみの予防効果があり、収れん作用はしわにも有効です。どんなタイプの肌にもマッチするホホバオイルとブレンドしてマッサージオイルにします。

RECIPE
[1回分]

◎ ホホバオイル（植物油）…30ml
◎ レモン（精油）…3滴

作り方 ビーカーにホホバオイルを量り取り、レモンを加えてガラス棒でよく混ぜます。日付ラベルをはった遮光ビンで保存。使用期限は1カ月です（P15参照）。

使い方 適量を手指に取ってまず顔全体を軽擦し、オイルを肌になじませます。次に、人差し指以下の4本の腹でしみのできやすいほおをらせん状に軽擦します。

★レモンの精油には、日光で肌にトラブルを起こす可能性「光毒性」があります。使用後12時間は太陽に当たらないほうがいいので、夜早い時間の入浴後にマッサージしましょう。

STEP 4
SKIN CARE
ニキビなんかに負けない

10代から20代の女性にとっては、
ニキビや吹き出物は日焼け以上に悩みの種かもしれません。
お風呂の前、入浴中、湯上りに分けて使える
3つの方法を紹介します。

ローションで

ラベンサラのローション

ラベンサラはニキビや吹き出物のじくじくした炎症を抑える効果の高い精油。アストリンゼント効果があってオイリースキンに向く2種類のフローラルウォーターと組み合わせてローションにします。

RECIPE [1回分]
- ◎ ウィッチヘーゼルウォーター(フローラルウォーター)…25ml
- ◎ ローズウォーター(フローラルウォーター)…20ml
- ◎ 無水エタノール…5ml
- ◎ ラベンサラ(精油)…3滴

作り方 無水エタノールを量ってビーカーに入れ、精油を加えてガラス棒でよく混ぜます。2種類のフローラルウォーターを入れてさらに混ぜれば完成です。日付ラベルをはった遮光ビンで冷蔵庫に保存し、2週間ぐらいで使い切ってください(P17参照)。

使い方 お風呂上りに顔へ適量を。ローズウォーターのほのかに甘い香りが印象的です。

パックで

ネトルパウダーのパック

カオリン(クレイ)をベースにしたパック剤を作ります。ドライハーブのネトルには皮膚の炎症に効く抗アレルギー作用がありますし、ローズマリーの精油も収れん作用があって「はれもの」にいいとされていますから、ニキビ対策はばっちりです。

RECIPE [1回分]
- ◎ カオリン(クレイ)…大さじ1
- ◎ ネトル(ドライハーブ)…小さじ1
- ◎ ホホバオイル(植物油)…小さじ1
- ◎ 精製水…小さじ2
- ◎ ローズマリー(精油)…1滴

作り方 カオリンとミキサーで粉末にしたネトルを乳鉢に入れ、精製水を加えて練ります。これにホホバオイルを加えて練り、ローズマリーを入れてさらによく練って完成です(P18参照)。

使い方 洗顔して水気をふいた顔に塗り伸ばして5分間放置します。パック後はよく洗い流してローションで仕上げます。入浴前にパックし、湯上りに左のラベンサラのローションを使うといいでしょう。

フェイシャルスチームで

ネトル&フェンネルのスチーム

フェイシャルスチームは、精油やハーブの湯気をたっぷり顔に当てて効果を引き出す方法で、湯気で毛穴が開くので老廃物が除去されやすく、有効成分を鼻から吸い込む効果も期待できます。ニキビに効くネトルとフェンネル、2種類のハーブを使ったスチーム。フェンネルはニキビの間接的原因でもある便秘に効果的です。

> **RECIPE**
> [1回分]
> ◎ネトル(ドライハーブ)…2g
> ◎フェンネル(ドライハーブ)…3g

作り方&使い方 洗面器にネトルとフェンネルを入れ、上から熱湯を注いで1〜2分間待つだけ。洗面器でハーブティーを作るわけです。ハーブの湯気が当たるように顔を洗面器にふせ(目はつぶっておきます)、湯気が逃げないよう頭からバスタオルをかぶります。スチームの時間は3〜5分間。

STEP 4
SKIN CARE

しみとくすみの対策

長い時間をかけて少しずつ皮膚の表面に現れてくるしみやくすみは、
毎日のスキンケアにどれだけエネルギーを使えるかが勝負の分かれ目。
根気が結局は早道になります。

マッサージオイルを使って

ローズマリーとレモンのオイル

日焼けの項目でも説明したようにレモンにはしみとくすみの予防効果があります。肌を引き締めるローズマリーを加え、2種類の植物油で希釈したマッサージオイルを作ります。キャロットシードオイルはビタミンAがとても豊富で、それだけでも血行促進やしみ・そばかす予防の効果があります。

RECIPE
[1回分]

- ◎マカデミアナッツオイル（植物油）…20ml
- ◎キャロットシードオイル（植物油）…10ml
- ◎ローズマリー（精油）…2滴
- ◎レモン（精油）…1滴

作り方 マカデミアナッツオイルとキャロットシードオイルをビーカーにとって混ぜ、ローズマリーとレモンを加えてガラス棒でよく混ぜれば完成です（P15参照）。日付ラベルをはった遮光ビンに入れ、1カ月で使い切りましょう。

使い方 顔のしみ・くすみの出やすい部分をマッサージします。オイルを手に取って顔全体になじませてから、人差し指と中指の腹でくすみやすい目の周囲を軽く圧迫したり、親指以外の4本で両ほおを下から上へ軽擦します。

スクラブで

エリカパウダーのスクラブ

エリカの花にはすばらしい美白効果があります。特に効果の大きな夏咲きエリカ（冬咲きの花もあります）のパウダーと老廃物を吸着してくれるカオリン（クレイ）でスクラブを作ります。

RECIPE
[1回分]
- ◎ カオリン（クレイ）…大さじ1
- ◎ エリカ（ドライハーブ）…小さじ1
- ◎ 精製水…小さじ2

作り方 カオリンと粉末にしたエリカの花を乳鉢に入れて、精製水をたらして練り上げればできあがりです（P21参照）。スクラブは1回で使ってしまいます。

使い方 さっと濡らしてスクラブで軽くマッサージするようにこすります。そのあとで洗顔し、ローションで仕上げましょう。

M＆P石けんで

ゼラニウムの石けん

2～3時間で簡単に作れるM＆P石けんでくすみに効果のある石けんを作ります。ゼラニウムには血行を良くする作用があるので、肌をリフレッシュしてくれます。この石けんを使い続けていればだんだんと肌の色が明るくなってくるでしょう。

RECIPE
[1回分]
- ◎ ソープベース…100g
- ◎ ゼラニウム（精油）…5滴
- ◎ ゼラニウム（ドライハーブ）の葉…1枚
- ◎ ターメリック（ハーブパウダー）…少量

作り方＆使い方 適当な大きさにカットしたソープベースを耐熱のビーカーに入れて電子レンジで溶かし、ゼラニウム（精油）を加えてよく混ぜます。これに色付けのためのターメリックパウダー（きれいな赤を発色します）を入れて混ぜれば石けんの生地は完成です。レシピではゼラニウムの葉を1枚飾りに使いますから、生地を石けんの型に半分ぐらい入れた上に葉を置き、少し固まってから残りの生地を追加します。これで生地の中に葉が埋め込まれるわけです。型のまま3時間（冷蔵庫でもかまいません）ぐらい放置すれば固まります。固まったら型から出し3～4日乾燥させれば使えます（P20参照）。

STEP 4
SKIN CARE

カサカサ乾燥肌に

ドライスキンは冬の悩みの種。
水分と皮脂のバランスを整えてくれる化粧品と石けんを作りましょう。
ローションと石けんにはビタミン、
ミネラルが豊富なハチミツを隠し味？ に使います。

クリームで

ジャーマンカモマイルのフェイスクリーム

インクのような濃い青色をしていることからブルーカモマイルとも呼ばれるジャーマンカモマイルの精油には、カサついたドライスキンをしっとりと整えてくれる働きがあり、ローズウォーターにも肌に潤いを与える作用があります。ベースの植物油にはホホバオイルとシアバターを使うちょっとぜいたくなクリームです。

RECIPE
[1回分]

- ◎ビーワックス(精製)…5g
- ◎ホホバオイル(植物油)…25ml
- ◎シアバター(植物油)…5g
- ◎ローズウォーター(フローラルウォーター)…5ml
- ◎ジャーマンカモマイル(精油)…2滴

作り方 ビーワックスとホホバオイルをエッセンシャルウォーマー(または湯煎)で溶かし、さらにシアバターを入れて溶かします。これに温めておいたローズウォーターを加えてクリーム容器に移し、竹串で混ぜながら途中でジャーマンカモマイルを入れて混ぜれば完成です(P19参照)。使用期限は2〜3カ月。容器に日付のラベルをはりましょう。

使い方 フローラルウォーターを使っているので、伸びのいいやわらかなクリームになります。湯上りの肌をローションで整えたあと、ベッドに入る前にたっぷりとすり込みましょう。顔だけでなく全身のかさつく部分に使ってください。

ローションで

ハーブティーのローション

ドライハーブの浸出液（つまりハーブティーです）とハチミツだけを使うので、飲めそうなちょっと変わったローションです。使うハーブはりんごのような甘い香りのジャーマンカモマイル。精油と同じように乾燥して荒れた肌をしっとりさせてくれます。

RECIPE
[1回分]

- ◎ ジャーマンカモマイル（ドライハーブ）…5g
- ◎ 熱湯…200ml
- ◎ ハチミツ…5ml

作り方　ティーポットにジャーマンカモマイルを入れ、熱湯を注いでフタをし15分間ほど蒸らします。ストレーナー（濾し器）を使って浸出液を別の容器に濾し、温かいうちにハチミツを入れてガラス棒でよく混ぜれば完成です。ハーブの浸出液は日持ちしません。その日のうちに使い切ってください。

使い方　お風呂上りの肌にカモマイルのりんごの香りがうれしいローションです。ひたひたになるぐらいを両手に取って、たっぷりと顔にしみ込ませましょう。

M&P石けんで

ハチミツとゼラニウムの石けん

石けんにもジャーマンカモマイルを入れ、さらにゼラニウムの精油とハチミツも加えます。ゼラニウムには血行を良くする作用のほかに皮脂のバランスを整えてくれる作用があるので、ドライスキンにも有効なのです。フルーティミントがほのかに香る淡いグリーンの石けんになります。

RECIPE
[1回分]

- ◎ ソープベース…100g
- ◎ ジャーマンカモマイル（ドライハーブ）…小さじ1
- ◎ ゼラニウム（精油）…10滴
- ◎ ハチミツ…5ml

作り方　ソープベースを電子レンジで溶かしてゼラニウムを加えて混ぜ、ハチミツを加えてから粉末にしたジャーマンカモマイルを入れてさらによく混ぜて生地を作ります。石けんの型に生地を流し込み、固まったら型から出して3〜4日間自然乾燥させれば完成です（P20参照）。

使い方　お風呂に入ったらまずこのM&P石けんで顔をよく洗い、湯上りにハーブのローション、寝る前にクリームをつければドライスキンのケアはベストです。

STEP 4
SKIN CARE

毛穴を引き締める

お風呂に入って温度で毛穴が開くのは
皮膚のクレンジングになるので大歓迎なのですが、
いつも開き気味というのは、汚れもたまりやすくてちょっと問題です。
肌を引き締める「収れん作用」のある精油やハーブでケアしましょう。

マッサージオイルを使って

ミルラのオイル

「没薬」とも呼ばれるミルラは低木の樹脂から抽出されるエキゾチックな香りの精油で、肌を保護してハリをもたせてくれる作用があります。同じように収れん作用があってミルラとの相性もよいサイプレスとブレンドし、肌の老化を予防するローズヒップオイルをベースにしたマッサージオイルにします。

RECIPE
[1回分]

◎ローズヒップオイル(植物油)…10ml
◎ホホバオイル(植物油)…20ml
◎ミルラ(精油)…1滴
◎サイプレス(精油)…2滴

作り方&使い方　ローズヒップオイルとホホバオイルをビーカーに取って混ぜ合わせ、ミルラとサイプレスを加えてガラス棒でよく混ぜれば完成です。日付ラベルをはったガラスの遮光ビンに入れて冷蔵庫に保存してください。使用期限は約1カ月です(P15参照)。

マッサージは両手でオイルを顔全体になじませてから、鼻や鼻の両脇など毛穴の目立つ部分を中心に指の腹で円を描くように軽擦します。

ローションで

ローズマリーのローション

ウィッチヘーゼルウォーターには皮脂の分泌を抑え、毛穴の開きすぎやたるんだ皮膚を引き締める効果があります。これにローズマリー(収れん作用があります)をプラスすると、少しシャープな感じの香りがする大人っぽいローションになります。

RECIPE
[1回分]

◎ウィッチヘーゼルウォーター(フローラルウォーター)…45ml

◎無水エタノール…5ml

◎ローズマリー(精油)…2滴

作り方＆使い方　無水エタノールをビーカーに取り、ローズマリーを入れてガラス棒でよく混ぜます。精油がアルコールに溶けたらウィッチヘーゼルウォーターを加えてさらに混ぜて完成です(P.17参照)。お風呂上りのほてった顔にたっぷりとしみ込ませましょう。使用期限は1～2週間。日付ラベルをはった遮光ビンに入れて、冷蔵庫で保存します。

M&P石けんで

セージパウダーとラベンダーの石けん

毛穴の汚れ落としと引き締めを兼ねた石けんを作ります。色付けの役目もあるセージのパウダーには収れん作用のほかに、昔から歯磨きやうがい薬のハーブとして利用されてきた殺菌・消臭の働きもあるので石けんにはもってこいです。使用後にほのかに残るラベンダーの香りも魅力です。

RECIPE
[1回分]

◎ソープベース…100g

◎セージのパウダー(ドライハーブ)…小さじ4分の1

◎ラベンダー(精油)…10滴

作り方＆使い方　ソープベースを電子レンジで溶かし、ラベンダーを入れてよく混ぜます。これにセージのパウダー(ミキサーなどでドライハーブを粉末に)を加えて混ぜれば生地の完成。型に入れて完全に固まってから取り出して、3～4日乾燥させれば使えます(P.20参照)。この石けんで顔の汚れを落したあとに、ローズマリーのローションで仕上げます。

STEP 4
SKIN CARE

オイリースキンに

オイリースキンの対策に使う精油やハーブには
皮脂のバランスを整える作用が必要なので、ニキビ対策のレシピと似ています。
さっぱりとした使用感がうれしいローションと、ハーブのスチームがおすすめです。

ローションで

ラベンダービネガーのローション

ドライハーブのラベンダーで作ったハーブビネガーがメインのローション。フローラルな香りのラベンダービネガーにゼラニウムの精油をプラスすることで、皮脂のバランスを整える効果がいっそう高まります。

RECIPE
[1回分]

- ◎アップルビネガー(市販品)…100ml
- ◎ラベンダー(ドライハーブ)…10g

以上はラベンダービネガーのレシピ

- ◎ラベンダービネガー…5ml
- ◎精製水…45ml
- ◎ゼラニウム(精油)…2滴

作り方&使い方
ドライハーブのラベンダーを煮沸消毒済みの広口ガラスビンに入れ、ハーブが完全にひたるようにアップルビネガーを入れます(ビンが大きいときはレシピの比率でハーブを増やします)。フタで密閉し10日間寝かせてから、ストレーナー(濾し器)で濾せばラベンダービネガーになります。このラベンダービネガーを5mlビーカーに取ってゼラニウムを加え、精製水で薄めればローションの出来上がりです。湯上りにたっぷり使いましょう。ラベンダービネガーは6カ月ぐらい保存できますが、ローションは1～2週間で使い切ってください。

フェイシャルスチームで

3種類のハーブをブレンド

湯気で毛穴を開いて老廃物を取り除くフェイシャルスチームは、オイリースキンにもとても効果があります。美肌効果の高いヤロウ、肌のベタつき解消のほか殺菌作用が強くてデオドラント効果もあるペパーミント、それに用途の広いラベンダーを加えます。

RECIPE
[1回分]

- ◎ヤロウ(ドライハーブ)…2g
- ◎ペパーミント(ドライハーブ)…1g
- ◎ラベンダー(ドライハーブ)…3g
- ◎熱湯

作り方&使い方
洗面器に3種類のドライハーブを入れ、8分目ほど熱湯を注ぎます。1～2分間待ってハーブの成分がお湯にしみ出してきたら、頭からバスタオルをかぶって湯気を顔に当てます。湯気を吸い込めば鼻やのどをすっきりさせる効果もあります。ただし、目は閉じておいてください。スチームしている時間は5～10分間です。

SKIN CARE

STEP 4

BATHROOM ESTHETIC WITH ESSENTIAL OIL

049

STEP 4
SKIN CARE

全身のスキンケアに

ひじやひざの黒ずみ、たるんできた首筋、
汗をかくとすぐにベタつく背中やおなか、
見える部分にも見えない部分にも気になる所はいっぱいあります。
お風呂でまとめてスキンケアしちゃいましょう。

ボディオイルで

3種類の精油をブレンド

全身の肌のしっとり感を高めてくれるオイルを作ります。ラベンダーとイランイランには皮脂のバランスを整える働きがあるのでカサつきにもってこい。またベースに使うマカデミアナッツオイルの肌を柔らかくしてくれる作用も見逃せません。また、ベルガモットには発疹に効く消毒と治癒の作用があります。

RECIPE
[1回分]
- ◎マカデミアナッツオイル（植物油）…50ml
- ◎ラベンダー（精油）…4滴
- ◎イランイラン（精油）…3滴
- ◎ベルガモット（精油）…3滴

作り方＆使い方 ビーカーにマカデミアナッツオイルを入れ、ラベンダー、イランイラン、ベルガモットを加えてガラス棒でよく混ぜれば完成です。日付ラベルをはった遮光ビンに入れてください。お風呂上りに全身の気になる部分にすり込みましょう。マッサージオイルとしても使えます。残りは冷蔵庫に保存し、1カ月以内に使い切りましょう。

ローションで

ラベンダーウォーターのローション

ラベンダーは精油としても肌に直接つけられる唯一の存在なのですから、その芳香水は最高に肌にやさしい材料といってもいいでしょう。どちらかといえばベタつきがちな肌をさっぱりさせるローションで、デオドラント効果も期待できます。

RECIPE
[1回分]
- ◎ラベンダーウォーター（フローラルウォーター）…40ml
- ◎無水エタノール…5ml
- ◎グリセリン…5ml

作り方＆使い方 ビーカーに無水エタノールとグリセリンを入れて混ぜ、ラベンダーウォーターを加えてガラス棒でよく混ぜれば完成です。顔も含めて全身にくまなく使ってもまったく平気。さっぱりした使用感とラベンダーの甘くさわやかな香りが漂います。あまり日持ちはしないので、遮光ビンに入れて冷蔵庫に保存し1～2週間で使い切ってください。

M&P石けんで

精油とドライハーブの石けん

簡単にできる全身用の石けんです。ローズマリーの美容効果に加えて、ジュニパーと精油のグレープフルーツには肌を引き締める効果があり、体中のたるんだ部分にハリを取り戻してくれます。また、マリーゴールドは炎症やかゆみなどのトラブル解消に役立ちます。

RECIPE
[1回分]

- ◎ソープベース…100g
- ◎ローズマリー（ドライハーブ）…少々
- ◎ジュニパー（ドライハーブ）…少々
- ◎マリーゴールド（ドライハーブ）…少々
- ◎グレープフルーツ（精油）…10滴

作り方&使い方　ソープベースを量って電子レンジで溶かし、グレープフルーツを入れてよく混ぜます。生地を型に入れ、そこに3種のハーブをバランスよく加えて、完全に固まってから取り出して、3〜4日間乾燥させれば完成です（P.20参照）。抗炎症や殺菌の作用があるので、あせもなどにも使えます。

スクラブで

天然塩のスクラブ

ひじ、ひざの黒ずみの原因になっている古い角質はスクラブのマッサージできれいになります。パウダーを練るためのマカデミアナッツオイルは肌を保護する皮脂と似た組成をもっていますし、レモンの精油には収れんと消毒の作用がありますから、角質を落しながらスキンケアにもなるという一石二鳥のスクラブです。

RECIPE
[1回分]

- ◎天然塩（粉状のもの）…大さじ2
- ◎海藻パウダー（昆布の粉）…小さじ1
- ◎マカデミアナッツオイル（植物油）…大さじ2
- ◎レモン（精油）…3滴

作り方&使い方　天然塩と海藻パウダーを乳鉢で混ぜ、マカデミアナッツオイルを入れて乳棒で練ります。レモンを加えてさらに練り合わせれば完成です。レシピは1回分ですから、小皿などに移してバスルームに持ち込み、体を洗う前にひじやひざ、かかとをマッサージしましょう。

STEP 4
SKIN CARE

ヘアケアに

バスタイムではスキンケアだけでなく、
ヘアケアのための時間もしっかりとってください。
手作りのシャンプー、リンス、ヘアオイルをそろえれば、
疲れて傷んだ髪にたっぷりと栄養を与えて元気を回復させることができます。

シャンプーで

ジャーマンカモマイルのシャンプー

市販のシャンプーベースを使った手作りシャンプー。ビタミン類とミネラルを多く含むアーモンドオイルと傷んだ髪をケアしてくれるジャーマンカモマイルの効果で、洗い上がりのしっとり感抜群のシャンプーになります。

RECIPE
[1回分]

- ◎シャンプーベース…45ml
- ◎アーモンドオイル(植物油)…5ml
- ◎ジャーマンカモマイル(精油)…5滴

作り方&使い方 ビーカーにアーモンドオイルとジャーマンカモマイルを入れてガラス棒でよく混ぜ、シャンプーベースを加えて混ぜれば完成です(植物油が入るのでP22とは最初の手順が入れ替わります)。髪を洗うとき、地肌にもよくすり込むようにすると効果がより大きくなります。日付ラベルをはった容器に入れ1カ月で使い切りましょう。置き場所はバスルームで問題ありません。

精油3種のブレンドシャンプー

ふけやかゆみは頭皮の皮脂バランスの崩れが大きな原因のひとつです。皮脂のバランスを整えてくれるラベンダーとレモングラス、殺菌効果が高くてかゆみを軽くするティートリーを使って効果的なシャンプーを作りましょう。

RECIPE
[1回分]

- ◎シャンプーベース…50ml
- ◎ティートリー(精油)…2滴
- ◎レモングラス(精油)…4滴
- ◎ラベンダー(精油)…4滴

作り方&使い方 シャンプーベースをビーカーに量り取り、ティートリー、レモングラス、ラベンダーを加えてガラス棒でよく混ぜれば完成です(P22参照)。10本の指先で頭皮をマッサージするように洗髪しましょう。使用期限は左と同じように1カ月です。

リンスで

ハーブビネガーのリンス

シャンプーでアルカリ性が強くなった髪を中和するビネガーのリンスです。ビネガーをただお湯で薄めるだけだからとても簡単。ハーブには髪をつややかにするローズマリーを選び、皮脂バランス調整のラベンダーも加えます。

RECIPE
[1回分]

- ◎アップルビネガー…300ml
- ◎ローズマリー(ドライハーブ)…10g

以上はローズマリービネガーの材料

- ◎ローズマリービネガー…大さじ2
- ◎ラベンダー(精油)…2滴
- ◎お湯(適温)…洗面器一杯

作り方&使い方　ローズマリービネガーの作り方はP.48のラベンダービネガーと同じです。リンスはまずローズマリービネガーとラベンダーをビーカーに入れてよく混ぜてから、洗面器一杯のお湯に入れて手で攪拌します。シャンプーをしたあと、このリンスに髪をよく浸してすすぎます。

ヘアオイルで

シダーウッドとローズマリーのヘアオイル

傷んでパサついた髪をケアするベストアイテムはなんといってもヘアオイルです。おばあちゃんの時代よりもっと古くから髪の保護に使われていた椿油と栄養豊富なアーモンドオイルをベースに、ヘアケア効果の高いシダーウッドとローズマリーを加えます。

RECIPE
[1回分]

- ◎椿油(植物油)…15ml
- ◎アーモンドオイル…15ml
- ◎ローズマリー(精油)…3滴
- ◎シダーウッド(精油)…3滴

作り方&使い方　椿油とアーモンドオイルをビーカーに入れ、ローズマリーとシダーウッドを入れてガラス棒でよく混ぜます。日付けラベルをはった遮光ビンに入れて冷蔵庫に保存し、1カ月で使い切ります。ヘアオイルはシャンプー前に使っても、あとに使ってもかまいません。前に使う場合は、頭皮にしっかりすり込んでからシャワーキャップをかぶって10分間ほどヘアパックをします。シャンプー後なら髪と頭皮にすり込むだけでokです。

STEP 4
SKIN CARE

やさしく髪を染める

ヘアケアの仕上げはヘアカラーです。
カラーリングは髪によくないという常識!? はもう捨てましょう。
自然の素材だけを使えば、
髪に栄養を与えながらのカラーリングができてしまいます。

ナチュラルなヘアカラー

ヘナのヘアダイ

ヘナは古代からボディペイントや髪染めに利用されてきた植物原料の染料です。基本的には白髪染めで染め色もオレンジ系にしかなりませんが、髪にダメージを与える心配はゼロで、むしろ使うたびに髪がつやを増していくのがわかるほどです。

RECIPE
[1回分]

◎ヘナ（天然100%の粉末に限る）…染める範囲と髪の長さによって30〜200g
◎精製水…使うヘナの2〜3倍の量

作り方＆使い方　ヘナの粉をボウルに入れ、あらかじめ温めておいた精製水を少しずつ加えながら乳棒で練ります。マヨネーズぐらいの固さのペースト状になったら染髪できます（P22参照）。染め方は下の手順を参考に。地肌についても染まりませんが、布などは色が付くので汚れてもかまわないタオルを用意しましょう。

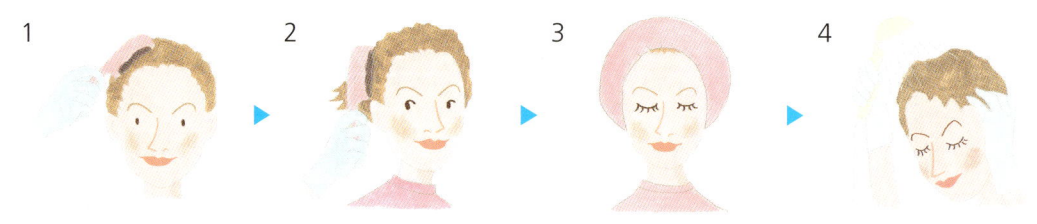

1　髪を軽く湿らせてから、くしまたは手で直接（ゴム手袋をします）ヘナのペーストを髪に塗っていきます。

▶

2　髪をとかしながら、分け目や生え際には特に入念に。方法は普通のヘアダイで染める場合と同じです。

▶

3　塗り終わったらシャワーキャップか蒸しタオルをかぶって（ラップで巻くのもよい）1時間ほどそのままにします。時間が長くなっても地肌に悪影響の出る心配はありません。

▶

4　ヘナのペーストをさっと洗い流してからシャンプーして乾かせば終了です。

SKIN CARE

STEP 4 | BATHROOM ESTHETIC WITH ESSENTIAL OIL

055

column
STEP 4 **SKIN CARE**

あなたの肌や髪に合った精油を選びましょう

スキンケア、ヘアケアグッズは肌質、髪質と使う目的に合わせて精油を選ぶのが基本です。下の表を参考にオリジナルのレシピを考えてみましょう。ただし、肌質、髪質とは別に精油同士の相性もあり、目的が合うというだけで機械的に混ぜてしまうと、せっかくの香りが変化してしまうこともあるので注意が必要です(精油同士の相性は巻末を参照してください)。

肌質と精油の相性

ドライスキン	ジャーマンカモマイル、ローズ、ゼラニウム、イランイラン、ネロリ、パルマローザ
オイリースキン	ラベンダー、ローズマリー、サイプレス、ミルラ、ジュニパー、イランイラン、レモン、グレープフルーツ、マンダリン、ゼラニウム
敏感肌	ジャーマンカモマイル、ローズ、ゼラニウム、ラベンダー
老化肌	キャロットシード、ローズ、ネロリ、ミルラ、パチュリー、サンダルウッド、レモン、フランキンセンス、パルマローザ、ジャスミン、ローズウッド
ニキビ	ローズマリー、ティートリー、ラベンサラ、マンダリン、ラベンダー、シダーウッド、ジュニパー、グレープフルーツ、レモン、ベルガモット、ゼラニウム

髪の質と精油の相性

ドライ	カモマイル、イランイラン、ゼラニウム
オイリー	サイプレス、レモングラス、マンダリン、レモン、ラベンダー、ペパーミント
ふけ	パルマローザ、ティートリー
抜け毛	ゼラニウム、シダーウッド、マンダリン
養毛	イランイラン、クラリセージ、ローズマリー

STEP ⑤ BODY CARE
体のトラブルを軽くしたい

「リラックスする」「疲れがとれる」というようなお風呂の効果はだれでも経験ずみ。
でも、冷え性とかPMSなどもっと具体的なトラブルの解消はどうでしょうか。
温泉ならともかく自宅のお風呂だと……なんて思うと大まちがい。
精油やハーブの助けを借りれば、
温泉なみのトラブル解消が可能です。

STEP 5
BODY CARE

足のむくみと疲れに

立ち仕事や外回りの多かった日の夕方は、
ふくらはぎがパンパンに重い棒のようになってしまいます。
そんな日は食事よりもまずは手軽にできるフットバスとマッサージで
足を疲れから解放しましょう。

フットバスで

ハーブ湯のフットバス

足のむくみと疲れをとるには、血行を良くして余分な水分を排出することがポイントです。水分の滞留を解消してくれるローズマリーと利尿作用のあるジュニパー、フェンネルを使ったフットバスが効果的。ストッキングを脱ぐだけでできてしまう手軽さも魅力です。

RECIPE
[1回分]

- ◎ローズマリー(ドライハーブ)…3g
- ◎ジュニパー(ドライハーブ)…5g
- ◎フェンネル(ドライハーブ)…3g
- ◎熱湯

作り方&使い方 ハーブは軽くたたいておきます。バケツを用意してハーブを入れ、半分ぐらいまで熱湯を注いで成分が浸出するまで1〜2分間待ちます。熱めのお湯(43℃ぐらい)になるまで水で薄めれば準備完了。ひざ下までふくらはぎ全体をしっかりお湯に入れる「ひざ浴」を7〜8分間続けるだけで、疲れはうんと軽くなります。熱めのお湯であることが肝心ですから、途中で温度が下がってきたら熱湯を注ぎ足してください。

マッサージオイルを使って

3種類の精油をブレンド

押したりもんだりする直接の刺激が滞っている体液の循環を良くするマッサージもむくみの解消には効果大です。血行の促進と利尿作用のある3種類の精油でマッサージオイルを作ります。

RECIPE
[1回分]

- ◎グレープシードオイル(植物油)…30ml
- ◎ローズマリー(精油)…2滴
- ◎ジュニパー(精油)…2滴
- ◎グレープフルーツ(精油)…2滴

作り方&使い方 グレープシードオイルをビーカーに入れ、3種類の精油を加えてガラス棒でよく混ぜれば完成です(P.15参照)。日付けラベルをはった遮光ビンに入れて冷蔵庫に保存しておきます。使用期限は1カ月です。足のマッサージは左のフットバスか入浴後に行うといっそう効果的です。オイルを手に取って足によくなじませてから、右ページの方法でマッサージしましょう。

column
STEP 5 **BODY CARE**

足の疲れをほぐすフットマッサージ

入浴後のリフレクソロジーとふくらはぎのマッサージは、疲れをとるだけでなく足のラインをきれいにする効果も期待できます。毎日はムリでも週に1～2回定期的に行う習慣をつけましょう。

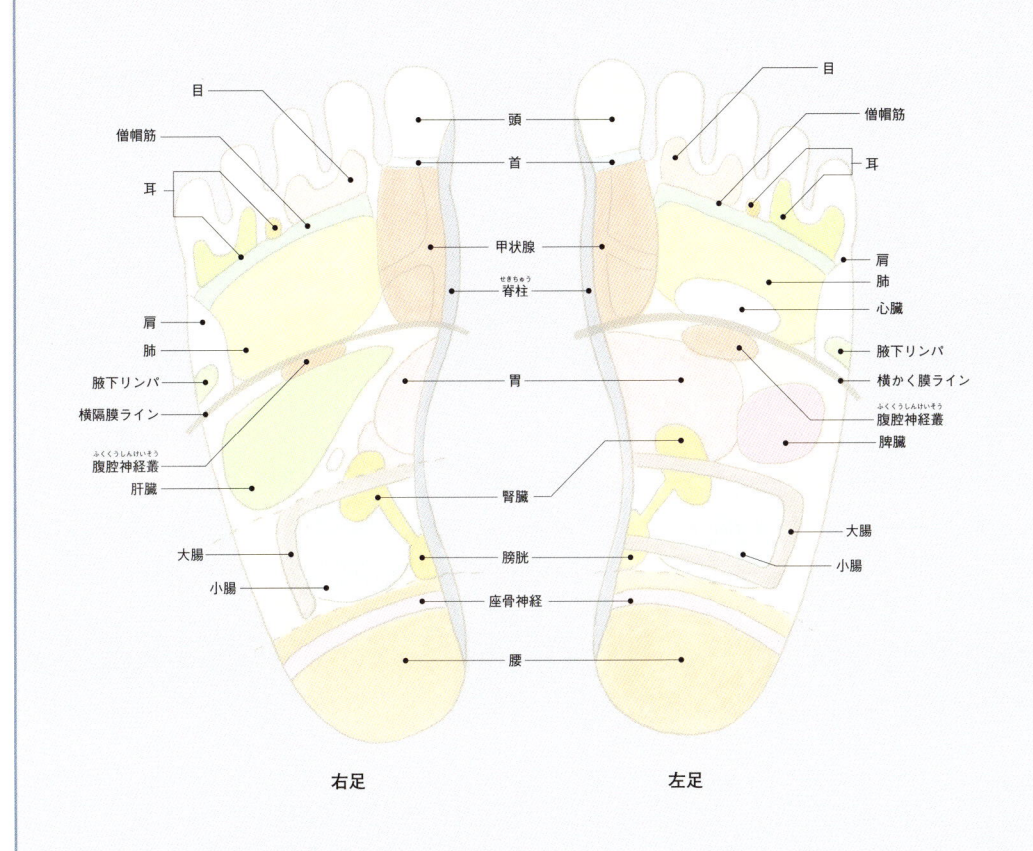

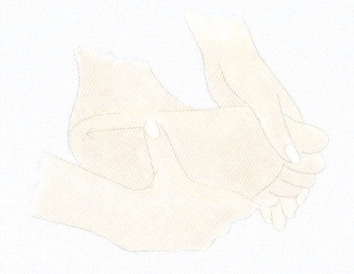

右足：目、僧帽筋、耳、肩、肺、腋下リンパ、横隔膜ライン、腹腔神経叢、肝臓、大腸、小腸
中央：頭、首、甲状腺、脊柱（せきちゅう）、胃、腎臓、膀胱、座骨神経、腰
左足：目、僧帽筋、耳、肩、肺、心臓、腋下リンパ、横かく膜ライン、腹腔神経叢（ふくくうしんけいそう）、脾臓、大腸、小腸

右足　　左足

リフレクソロジーでは水分の排出に関わる腎臓の反射区をマッサージします。親指の腹でかかと側へ強擦してください。

ふくらはぎをマッサージする場合は両手ではさんでこすり上げとなでおろします。どちらも軽くでOKです。

そのあと両手の人差し指と親指でふくらはぎをつまむようにして、下から上へ強くしごき上げます。

STEP 5
BODY CARE

冷え性の解消に

手足の先に感覚がないほど芯から冷たいという冷え性のつらさは、
なった人にしかわかりません。
むくみやだるさにもつながる冷え性の解消は、
血液の循環促進が最大のポイント。
お湯の温度とマッサージをうまく使いましょう。

半身浴で

ハチミツ&2種の精油をブレンド

冷え性の解消には高温浴と足への冷水を繰り返して血行を良くする方法もありますが、ここでは体を芯から温めるぬるいお風呂での半身浴を紹介します。バスオイルにローズマリーとローマンカモマイルを使えば、血液の循環改善効果もバッチリ。湯上りのしっとり感もうれしいハチミツのお風呂です。

RECIPE
[1回分]
◎ ハチミツ…大さじ1
◎ ローズマリー(精油)…2滴
◎ ローマンカモマイル(精油)…1滴

作り方&使い方 ビーカーなどにハチミツを入れ、ローズマリーとローマンカモマイルを加えて混ぜ合わせます。これをバスタブのお湯に入れて手でよく攪拌してください。半身浴に適したお湯の温度は38〜40℃。みぞおちのあたりまでの半身浴で20分間ぐらいゆっくりと入ります。全身がリラックスし、体が芯から温まってきます。就寝の前なら湯上りに足にだけ冷水をかければ、ベッドまで温かさが持続します。

フットバスで

温める2種類のハーブをブレンド

お風呂に入れないときはフットバスで。足首までしかお湯につけないのに、ぽかぽか感がゆっくりと全身に広がっていく効果の大きさにはびっくりします。お湯には血行を促進してくれるヤロウと疲労の回復に役立つラベンダーを入れましょう。

RECIPE
[1回分]
◎ ヤロウ(ドライハーブ)…5g
◎ ラベンダー(ドライハーブ)…5g
◎ 熱湯

作り方&使い方 洗面器にヤロウとラベンダーを入れ、熱湯を半分ぐらい注いで1〜2分間待ちます。ハーブの成分が染み出したら水を足し、お湯を45℃ぐらいに薄めて足をつけます。足首までの「足浴」を5〜10分間、体全体が温かくなるまで続けます。

マッサージオイルを使って

ジンジャーのオイル

しもやけの治療にも利用されるぐらいですから、ジンジャーの精油がもっている血行促進効果は抜群です。同じように血液の循環を改善するローズマリー、収れん作用のあるレモンをプラスしたマッサージオイルで足裏をマッサージします。

RECIPE
[1回分]

◎ マカデミアナッツオイル（植物油）…30ml
◎ ジンジャー（精油）…1滴
◎ レモン（精油）…3滴
◎ ローズマリー（精油）…2滴

作り方＆使い方　ビーカーにマカデミアナッツオイルを入れ、精油3種類を加えてガラス棒でよく混ぜれば完成です（P.15参照）。日付けラベルをはった遮光ビンに入れて冷蔵庫に保存し、1カ月で使い切ってください。足裏マッサージは足にオイルをなじませてから、血液の循環に関係の深い心臓と肺の反射区を土踏まず側から指側へ強擦します（P.11参照）。また、足の指を1本ずつもむのも効果的です。

STEP 5
BODY CARE

腰痛・肩こりを軽くしたい

腰痛と肩のこりにも、お湯と精油の加温、血液循環改善作用は大きな効果を発揮します。
慢性的な腰痛や肩こりは筋肉の疲労で
血液の流れが悪くなって起こっていることが多いのです。
同じ痛みでも運動などが原因の急性症状には効果がなく、
入浴が状態を悪化させることもあるので注意してください。

バスオイルで

レモンのバスオイル

しつこい腰痛にはぬる目のお湯での全身浴（心肺に負担が大きいようなら半身浴）が適しています。体を温める加温作用を持つジンジャーに、血行促進のレモンとジュニパーを加えたバスオイルを使って、心ゆくまで長湯してください。

RECIPE [1回分]
- ホホバオイル（植物油）…50ml
- ジンジャー（精油）…6滴
- レモン（精油）…8滴
- ジュニパー（精油）…10滴

作り方＆使い方
ビーカーにホホバオイルを入れ、ジンジャー、レモン、ジュニパーを加えてガラス棒でよく混ぜれば完成（P15参照）。レシピは約10回分ですから日付ラベルをはった遮光ビンに入れて冷蔵庫に保存してください。使うときは小さじ1杯ぐらいを38〜40℃のぬるいお湯に入れ、手でよく攪拌してから肩までの全身浴で20分間入ります。入浴中に浮力を利用して痛みの出ない範囲で腰を反らす、左右にひねるといった軽い運動をするとさらに効果があがります。

4種類の精油をブレンド

肩こりの解消方法も基本的には腰痛と同じですが、首筋から頭部にかけての血行が関係していますし、頭痛を伴う場合も少なくないので、そういう部分に効果のあるオイルを使います。2種類の植物油と4種類の精油をブレンドするぜいたくなバスオイルです。

RECIPE [1回分]
- アーモンドオイル（植物油）…40ml
- アボカドオイル（植物油）…10ml
- ローズマリー（精油）…10滴
- ユーカリ（精油）…4滴
- ラベンダー（精油）…8滴
- レモン（精油）…8滴

作り方＆使い方
作り方は左と同じで植物油に精油を入れてよく混ぜ合わせます。このレシピも10回分ですから、日付ラベルをはった遮光ビンで冷蔵庫に保存します。入浴方法は38〜40℃のぬる目の半身浴または全身浴。バスオイルをよく攪拌してから20分間ゆっくり温まります。入浴中でもあとでもかまいませんから、両肩を回す、首を回す、肩を上下させるなどの軽い運動をすると血液の循環がさらに良くなります。

マッサージオイルで

マジョラムのマッサージオイル

軽いアーモンドオイルをベースにしたマッサージオイル。神経を鎮静させる作用があって筋肉痛にも効果の高いマジョラムとラベンダー、それにスポーツマッサージにもよく使われるローズマリーを加えます。

RECIPE
[1回分]

- ◎ アーモンドオイル（植物油）…30ml
- ◎ マジョラム（精油）…2滴
- ◎ ラベンダー（精油）…2滴
- ◎ ローズマリー（精油）…2滴

作り方＆使い方　ビーカーにアーモンドオイルを入れ、3種類の精油を加えてガラス棒で混ぜれば完成（P.15参照）。日付けラベルをはった遮光ビンに入れて冷蔵庫に保存し、1カ月で使い切ります。マッサージは足裏にオイルをなじませてから、かかとにある腰の反射区を下のイラストのように親指の腹で圧迫、かかとの両サイドを揉捏します（P.11参照）。

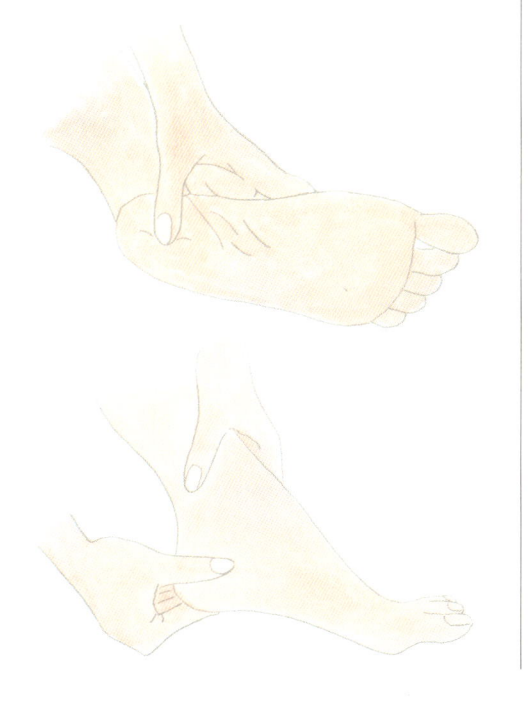

ローズマリーとレモンのオイル

しつこい肩のこりはストレスが原因ということも珍しくありません。ストレスで肩や首に力が入って血行が悪くなるのです。そこで頭痛にもきくローズマリー、血行を良くするレモンに怒りやいらいらを鎮めるペパーミントを加えたオイルを作ります。

RECIPE
[1回分]

- ◎ アーモンドオイル（植物油）…30ml
- ◎ ペパーミント（精油）…1滴
- ◎ ローズマリー（精油）…3滴
- ◎ レモン（精油）…2滴

作り方＆使い方　ビーカーに入れたアーモンドオイルに3種類の精油を加えてガラス棒で混ぜれば完成（P.15参照）。日付けラベルをはった遮光ビンに入れ、冷蔵庫に保存します。使用期限は1カ月です。肩の反射区は両足の小指の下、首の反射区は親指の下にあります。足裏にオイルをよくなじませてから、下のイラストのように両方を親指で強擦してください（P.11参照）。

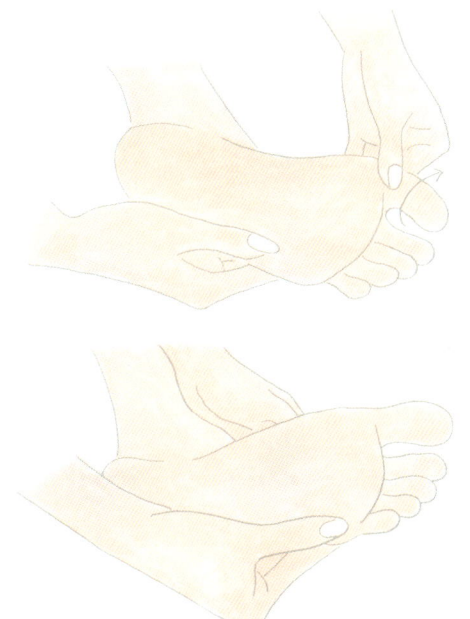

BODY CARE

STEP 5　BATHROOM ESTHETIC WITH ESSENTIAL OIL

STEP 5
BODY CARE

PMSから解放されたい

PMS（月経前緊張症）、
生理痛など女性の生理にともなうつらい症状の多くは、
ホルモンのバランスの崩れが関係し、
ホルモンバランスには仕事や対人関係などのストレスが影響を与えています。
緊張をときほぐしてくれるハーブ湯とフットマッサージを紹介します。

ハーブ湯で

ジャーマンカモマイルのハーブ湯

りんごのような甘い香りのするジャーマンカモマイルでハーブ湯を試します。カモマイルには緩和作用があって、PMSのイライラや月経不順の解消に役立ってくれます。カモマイルと相性のいいゼラニウムも神経系統の緊張緩和作用があるのでプラスしましょう。

RECIPE
[1回分]
◎ジャーマンカモマイル（ドライハーブ）…10g
◎ゼラニウム（精油）…2滴

作り方＆使い方 ゼラニウムをしみ込ませたジャーマンカモマイルをガーゼのハンカチで作った袋かティーバッグ用の紙パックに入れ、その袋をバスタブのお湯に浸します。緊張の緩和が目的ですから、お湯の温度は38〜39℃がおすすめ。カモマイルの香りを楽しみながら30分間ぐらいゆっくりと半身浴してください。

マッサージオイルを使って

クラリセージのオイル

含まれているスクラレオールという成分が女性ホルモンに構造が似ているため、クラリセージは女性特有のトラブル解消に役立つ精油として知られています。そのクラリセージにラベンダーとベルガモットを加えたマッサージオイルを作ります。

RECIPE
[1回分]
◎セントジョンズワートオイル（植物油）…30ml
◎クラリセージ（精油）…2滴
◎ラベンダー（精油）…2滴
◎ベルガモット（精油）…2滴

作り方＆使い方 ホホバオイルをビーカーに取り、クラリセージとゼラニウムを入れてガラス棒でよく混ぜます（P.15参照）。日付ラベルをはった遮光ビンで冷蔵庫に保存して、1カ月で使い切ってください。マッサージは湯上りの足にオイルをなじませてから、足裏中央にある腹腔神経叢（P.11参照）とかかとの外側にある女性生殖器の反射区を強擦します。また、手のひらにオイルをつけて下腹部を軽擦するのもいいでしょう。

STEP 5
BODY CARE

つらい花粉症に

冬の終わりから春先にかけてもっともひどくなる花粉アレルギー。
だれにでもかかる可能性のあるやっかいな症状ですから、
今は大丈夫な人でも来年はわかりません。
対策は、原因を抑える抗アレルギーと症状を軽くする抗炎症の2本立て。
シャープな香りが鼻をスキッとさせるバスオイルを紹介します。

バスオイルで

ユーカリとレモンのバスオイル

原産地のオーストラリアで古くから熱の薬として使われていたユーカリには、抜群の消毒作用、抗ウイルス作用があり、花粉症のつらい鼻づまりを軽くしてくれる働きもあります。レモンで消毒作用を強化し、鼻づまりにもきくラベンダーを加えれば効果抜群のバスオイルになります。

RECIPE
[1回分]

- ◎ホホバオイル（植物油）…30ml
- ◎ユーカリ（精油）…6滴
- ◎レモン（精油）…4滴
- ◎ラベンダー（精油）…8滴

作り方 & 使い方　ビーカーにホホバオイルを入れ、3種類の精油を加えてガラス棒でよく混ぜれば完成です(P.15参照)。レシピは6回分ですから日付けラベルをはった遮光ビンに入れて冷蔵庫に保存し、1カ月で使い切ります。使うときは大さじ1杯ぐらいの量を38〜40℃のお湯に入れてよく混ぜ、みぞおちまでの半身浴で20分間ほどゆっくりと入浴します。精油の成分をふくんだ湯気を鼻からたっぷりと吸い込むとさらに効果的です。

STEP 5
BODY CARE

二日酔いをすっきりと

だれにでも効果のある二日酔いの対処方法は、
水分をできるだけ多く体の外へ出してアルコール分を抜くこと。
水をたっぷりと飲んでから、
発汗と尿の出を促すお風呂に入りましょう。

バスソルトで

ジュニパーとグレープフルーツのバスソルト

汗を多くかく入浴剤のベスト1は、天然塩が発汗作用を発揮するバスソルトです。天然塩に利尿作用のあるジュニパーと肝臓に働きかけて解毒するグレープフルーツを加えて、二日酔い専用のバスソルトを作ります。

RECIPE
[1回分]

◎天然塩…大さじ2
◎ジュニパー(精油)…2滴
◎グレープフルーツ(精油)…2滴

作り方&使い方 天然塩を乳鉢か小皿に取り、ジュニパーとグレープフルーツを入れて混ぜれば出来上がり(P15参照)。レシピは1回分なので、そのままバスタブに入れて手でよく攪拌してください。入浴方法は熱いお湯での全身浴、高い湯温で腎臓の働きも活発になるので尿の出がさらに良くなります。42～43℃のお湯に首までつかり、7～8分間(体への負担が大きいので長くても10分以内にしてください)ガマンしましょう。入浴の前に水分をたっぷりとっておくのを忘れないように。

STEP 5
BODY CARE

目を休めたい

パソコン、テレビゲーム、携帯…集中して目を使う時間は増えていく一方。
機械みたいに酷使し続けていると、ドライアイ、
ピントフリーズなどいろいろなトラブルを引き起こしてしまいます。
バスタイムでは目もゆっくりと休ませてあげましょう。

マッサージオイルを使って

ラベンダーのオイル

多くの作用をもつラベンダーには、疲れからくる目の痛みを和らげる働きもあります。また、ペパーミントの爽快な香りはしょぼつく目をすっきりとさせてくれます。この2つの精油でマッサージオイルを作ります。

RECIPE
[1回分]
- アーモンドオイル(植物油)…30ml
- ラベンダー(精油)…3滴
- ペパーミント(精油)…1滴

作り方&使い方 ビーカーにアーモンドオイルを入れ、ラベンダーとペパーミントを加えてガラス棒で混ぜれば完成(P.15参照)。日付けラベルをはった遮光ビンに入れて冷蔵庫に保存し、1カ月以内に使い切りましょう。マッサージはオイルを付けた人差し指と中指の腹で、目の周囲を軽く圧迫するだけでも効果があります。足裏マッサージでは、第2指と第3指の付け根にある目の反射区を、親指で圧迫します(P.11参照)。

湿布で

ローズウォーターの湿布用コットン

酷使した目には熱感があるので、冷たい湿布をするだけでもずいぶん気持ち良くなります。どうせなら、水だけでなく目の炎症と痛みを軽くしてくれるローズウォーターも使いましょう。ほのかにバラが香る目の湿布です。

RECIPE
[1回分]
- ローズウォーター…適量
- 水(水道水でOK)…適量

作り方&使い方 コットンに水をふくませてからローズウォーターを適量つけ、目を閉じてまぶたの上から湿布します。水で湿らせたコットンを冷蔵庫で冷やしておき、お風呂上りに湿布するのがおすすめです。

column
STEP 5 BODY CARE

シャワーの上手な使い方

かかり湯、時間がなくて入浴できないとき、シャンプーや石けんの泡を洗い流すとき……などが普通のシャワーの使い方ですが、温度調節機能をうまく使えば体のトラブル解消に役立ついろいろな利用方法が考えられます。

高温のシャワーで（43℃ぐらい）

二日酔いの高温浴の代わりに熱いシャワーでも効果は上がります。朝、出かける前など入浴時間がとれないときに。また、熱いシャワーは交感神経を刺激するので元気を出したいときに使えます。バスルームの床にライム、ローズマリー、ベルガモット、ジュニパーなど元気付け作用のある精油を落としておけば、シャワーの湯気で揮発するのでいっそう効果的です。便秘の解消に熱いシャワーを当てながら下腹をマッサージするという手もあります。

水のシャワーで

交感神経は熱さと冷たさに同じように反応するので、冷水のシャワーも元気を出したいときに使えます。いきなりの冷水は危険なので、ぬるいシャワーから徐々に水にしていきます。「冷え症」の所で書いたように湯上りに足へ冷水をかけるとポカポカ感が持続しますが、バスタブと冷水シャワーを交互に使う方法も血液の循環改善には効果抜群です。冷え性や低血圧の人は、お風呂に2～3分間（湯温は普通）つかって足に冷水シャワーを10～20秒間というパターンを入浴時に5～6回やってみてください。

STEP ❻ LIFE
やさしい気分で暮らしたい

ラストはお風呂で気持ちを切り替えたり、高めたり、
鎮めたりする方法です。
バスルームとバスタイムは、
ひとりになって自分の気持ちを見つめることのできる貴重な空間と時間です。
マイナスをプラスに、プラスはもっとプラスにする入浴の知恵を身につけましょう。

STEP 6 | LIFE

入浴時間と空間にひと工夫しましょう

　このステップで紹介するのは、すべてバスタブでの入浴です。お湯の温度や入浴剤の中身は違っても、一定時間お湯にじっとつかる方法は同じです。それなら、そのじっとしている時間に入浴効果がもっと大きくなるような工夫を加えてみましょう。

　例えば、自分に自信をつけたいとかイライラを解消したいというときは、その目的にマッチしたBGMを流せばいいでしょうし、疲れを癒したい場合は好きな作家の本を読みながら入浴するという手もあります。バスルームの棚や窓辺などにアロマポットを置いて、入浴剤に使ったのと同じ精油をくゆらすのも名案。入浴剤よりもアロマポットの方が香りは長持ちします。

　また、バスルームの照明の工夫も考えたいことのひとつです。大がかりなことは無理でも、蛍光灯の色を電球色にチェンジするだけでも、雰囲気はずいぶん変わります。

STEP 6 | LIFE
自分に自信がもてるように

自信がもてない、なんかおどおどしてしまうというのは、
不安感と過度の緊張の裏返しです。
不安からくる焦りや体がカッと熱くなるような緊張を和らげれば、自信と落ち着きが体をつつみ
はじめます。

ハチミツとネロリの入浴剤

強い緊張と不安感を鎮めてくれるベルガモットとネロリをハチミツに混ぜて入浴剤にします。柑橘系の香りに浸っていると、気持ちがすっと落ち着き、だんだんと自信がわいてきます。

RECIPE
- ◎ハチミツ…大さじ2
- ◎ネロリ(精油)…2滴
- ◎ベルガモット(精油)…2滴

作り方&使い方
小皿に入れたハチミツにネロリとベルガモットを加えてよく混ぜ、レシピは1回分ですからそのままお湯に入れて手でよく攪拌します。入浴方法は半身浴。38〜40℃のお湯にみぞおちあたりまでつかり、気分が落ち着いてくるまで20分間ぐらいのんびりと入ります。

STEP 6 | LIFE
集中力を高めたい

ひとつのことに集中するためには、やる気を盛り上げることと、
気持ちを静かに落ち着かせることを両立させなければなりません。
リフレッシュと集中の精油を選んで、
頭をしゃきっとさせるためのお風呂に入りましょう。

ローズマリーのバスオイル

ローズマリーには脳に働きかけて記憶力や注意力、集中力をアップさせてくれるという頼もしい作用があります。気分をリフレッシュして落ち着かせるベルガモットとブレンドしてバスオイルを作ります。

RECIPE
- ◎ホホバオイル(植物油)…30ml
- ◎ローズマリー(精油)…10滴
- ◎ベルガモット(精油)…8滴

作り方&使い方
ビーカーにホホバオイルを入れ、ローズマリーとベルガモットを加えてガラス棒で混ぜれば完成(P.15参照)。
レシピは6回分なので日付ラベルをはった遮光ビンに入れて冷蔵庫に保存します。使用期限は1カ月です。
使うときは大さじ1杯程度をお湯に入れ、よく攪拌してから入浴します。42〜43℃の熱いお湯に全身浴で7〜8分間がベスト、試験勉強など集中したい作業の直前にさっと入るといいでしょう。

STEP 6 | LIFE
イライラを解消したい

強い責任感からストレスがたまってしまい、
いつもイライラしてすぐにカッとなる。
そんな人には、少し現実離れしたような感覚も味わえる
リラックスのお風呂がおすすめです。

ミルクバス

ベースにミルクを使いハチミツと天然塩を加えるという、まるでそのまま飲めてしまいそうな入浴剤。発泡する重曹を入れることで体のリラックス感も誘います。唯一加えるイランイランの精油はエキゾチックな香りに強い鎮静作用を秘めています。

作り方＆使い方
ボウルに天然塩と重曹を入れ、ハチミツを入れてガラス棒でよく混ぜます。イランイランを加えてさらに混ぜ、最後に温めた牛乳を入れれば完成です。レシピは1回分なのでそのままお湯に注ぎ入れてよく混ぜてください。38～39℃。かなりぬるめのお湯で30分間ぐらい、ミルクの香りを楽しみながら半身浴します。

RECIPE
◎牛乳…カップ1／◎ハチミツ…大さじ2／◎天然塩…大さじ2／◎重曹…大さじ2／◎イランイラン（精油）…4滴

STEP 6 | LIFE
今日1日の疲れをほぐす

ドアを開けて部屋に入ったとたん、
ソファにばったり倒れこんでしまうようなひどい疲れ。
そのまま寝たら朝がつらいだけ。
体と脳の両方を緩やかにほぐしてくれるお風呂で、明日にそなえましょう。

ローズマリーのバスソルト

ローズマリーには血行を促進するほかに、脳を活性化する作用があります。そのローズマリーをたっぷりと使い、体と脳の疲れをとってリフレッシュさせてくれるバスソルトを作ります。

作り方＆使い方
ミキサーで粉末にしたローズマリー（ドライハーブ）と天然塩を乳鉢に入れて混ぜ、ローズマリー（精油）、レモン、ジンジャーを加えて混ぜれば完成です（P15参照）。レシピは3回分ですから日付けラベルをはった容器に入れて1カ月以内に使い切ります。天然塩は水分を含みやすいので、バスルームでの保存はやめましょう。使い方は1回分約50gをお湯に入れて混ぜ、38～40℃で20～30分間半身浴します。

RECIPE
◎天然塩…150g／◎ローズマリー（ドライハーブ）…5g／◎ローズマリー（精油）…6滴／◎レモン（精油）…4滴／◎ジンジャー（精油）…2滴

STEP 6 | LIFE

ぐっすり眠りたい

夜中に目が覚めてしまう、
眠りが浅い……不眠にもいくつかのパターンがありますが、
ベッドに入っても寝つけないという最も多いトラブルには、
心を静かにリラックスさせることが何よりも大切です。

ドライハーブ3種のブレンド風呂

寝つきの悪い人に試してほしいハーブ湯です。使用するのはローマンカモマイル、ラベンダー、ローズピンクの3つ。どれもストレスを解消してリラックスを誘う作用がありますが、とくにラベンダーは香りに精神の鎮静効果のあることが科学的に証明された折り紙つきの植物です。

RECIPE
◎ローマンカモマイル(ドライハーブ)…5g
◎ラベンダー(ドライハーブ)…10g
◎ローズピンク(ドライハーブ)…5g

作り方＆使い方

材料は1回分です。ガーゼのハンカチで作った袋かティーパックに3種類をまとめて入れ、バスタブのお湯に入れて香りを立たせます。袋からハーブが出てしまわないように注意してください。入浴方法は38〜39℃のかなりぬるいお湯での半身浴。何も考えず頭の中を真っ白にして30分間つかり、上がったらベッドに直行しましょう。

STEP 6 | LIFE
恋する気持ちを高めたい

「恋をすると女性はきれいになる」といわれるのは、
胸キュンの気分がホルモンの分泌に作用して女性らしさを際立たせてくれるから。
恋する気持ちをいっぱいに高めて、
もっともっときれいになってしまいましょう。

ローズウッドのバスフィズ

心をやさしく伸びやかにしてくれるミルクベースのバスフィズを作ります。たくさん入れるローズウッドは、気持ちを明るくし官能を高める精油。バラにも似たウッディーな香りには催淫作用もあります。

RECIPE
◎重曹…大さじ3／◎クエン酸…小さじ5／◎コーンスターチ…小さじ2／◎スキムミルク…小さじ5／◎ハチミツ…小さじ1／◎ローズウッド（精油）…12滴

作り方＆使い方 重曹、クエン酸、コーンスターチ、スキムミルクを乳鉢に入れ乳棒でよく練ります。ハチミツとローズウッドを加えてさらに練り、1回分ずつ（レシピは3回分）ラップにとって丸く固めれば完成です（P.16参照）。使うときはラップをはがしてお湯に入れ泡立たせます。38〜40℃の半身浴で20分間。彼のことだけ考えながらのんびりとつかります。

STEP 6 | LIFE
明るい気分になりたい

仕事、対人関係、恋……なんとなく心がもやもやして、何をする気もおこらない。
そんな日は頭の中を真っ白にして、気分転換の長湯をしましょう。
明るい気分になるだけで、悩みのいくつかは解決してしまうはずです。

ゼラニウムとオレンジのバスソルト

くすんだ気持ちをぱっと明るくしてくれる精油の筆頭ともいえるゼラニウムに、前向きで楽観的な気持ちをもたらすオレンジを混ぜてバスソルトにします。ローズの甘い香りも気分転換に一役かってくれます。

RECIPE
◎天然塩…大さじ1／◎ローズパウダー(ドライハーブ)…小さじ2分の1／◎ゼラニウム(精油)…2滴／◎オレンジ(精油)…2滴

作り方&使い方
天然塩とローズパウダーを乳鉢に入れて混ぜ、ゼラニウムとオレンジを加えてよく練り合わせれば完成です(P.15参照)。レシピは1回分なので、そのままお湯に入れてよく攪拌します。入浴方法は半身浴。38〜40℃のお湯に20分間ぐらい入って気分転換に役立てます。

STEP 6 | LIFE
朝の目覚めをシャキッとさせる

今日はいい1日にしたい。
朝、元気いっぱいに出かけられるかどうかで、
結果の半分ぐらいは決まってしまいます。
目覚めが悪いなら、お風呂と精油の力で体と頭にカツを入れましょう。

ペパーミントとライムのバスオイル

脳細胞に働きかけてシャープな回転を取り戻してくれるローズマリーと心をピシッとさせるペパーミント、ライムでバスオイルを作ります。3つの精油がもっている清涼感あふれるクリアな香りも朝のバスルームにぴったりです。

RECIPE
◎ホホバオイル(植物油)…50ml／◎ローズマリー(精油)…20滴／◎ペパーミント(精油)…5滴／◎ライム(精油)…10滴

作り方&使い方
ホホバオイルをビーカーに入れ、ローズマリー、ペパーミント、ライムを加えてガラス棒で混ぜれば完成です(P.15参照)。日付けラベルをはった遮光ビンに入れて冷蔵庫に保存し、1カ月で使い切りましょう。使うたびにボトルをよく振り、1回分大さじ1杯をお湯に入れ、手でよく攪拌してから入浴します。方法は42〜43℃の熱いお湯に肩までつかって7〜8分間。いつもより30分間早く起きれば大丈夫です。

APPENDIX

LIST OF ESSENSIAL OIL

精油効能事典

主な精油がもっている作用のうち、本書の内容に沿ったものを紹介します。本文中のレシピにない精油も列挙してありますから、オリジナルグッズ作りの参考にしてください。項目の末尾にある「相性のいい精油」とは、その精油とブレンドしても香りを損なわずに相乗的な効果が得られる精油を意味します。

(本書で使用した精油、植物油については「生活の木」の協力をいただいています。同じ製品を入手したい場合は同社にお問い合わせください。TEL 03-3409-1781(代表))

イランイラン

抽出部位	花
香	甘くフローラルな香り
効果のある肌・髪の状態	ドライスキン、オイリースキン、ニキビ
心への作用	リラックス、不安の解消、催淫
その他の特徴的な作用	高血圧
相性の良い精油	ベルガモット、シダーウッド、ジャスミン、サンダルウッド、ベチバー

オレンジ

抽出部位	果皮
香	オレンジの甘い香り
効果のある肌・髪の状態	オイリースキン、くすみ、しわ
心への作用	リラックス、明るい気分
その他の特徴的な作用	便秘、消化器のトラブル
相性の良い精油	クラリセージ、ゼラニウム、ラベンダー、ミルラ、ペパーミント、ローズマリー

キャロットシード

抽出部位	種子
香	乾いた甘い香り
効果のある肌・髪の状態	しみ、しわ
心への作用	リフレッシュ、精神疲労の回復
その他の特徴的な作用	生理不順、生理痛
相性の良い精油	ラベンダー、オレンジ、ローズマリー

クラリセージ

抽出部位	花
香	草木の強い香り
効果のある肌・髪の状態	オイリースキン
心への作用	ストレス解消、緊張の緩和、気力回復、抗うつ
その他の特徴的な作用	PMS、生理痛、筋肉痛、高血圧
相性の良い精油	サンダルウッド、ジャスミン、ゼラニウム、ラベンダー、ローズ

グレープフルーツ

抽出部位	果皮
香	フレッシュな甘い香り
効果のある肌・髪の状態	オイリースキン、開いた毛穴、ニキビ、たるみ
心への作用	リフレッシュ
その他の特徴的な作用	二日酔い、便秘、ダイエット
相性の良い精油	レモン、ベルガモット、ネロリ、ラベンダー、ジンジャー、ローズマリー

クローブ

抽出部位	つぼみ
香	スパイシーな強い香り
効果のある肌・髪の状態	肌への使用は避ける
心への作用	記憶力アップ、集中力アップ
その他の特徴的な作用	消毒、歯痛、関節炎、下痢
相性の良い精油	ベルガモット、ユーカリ、ラベンダー、タイム、ローズマリー、シナモン

コリアンダー

抽出部位	実
香	スパイシーな甘い香り
効果のある肌・髪の状態	デオドラント
心への作用	強壮、催淫
その他の特徴的な作用	食欲促進、消化器のトラブル
相性の良い精油	フランキンセンス、クラリセージ、ベルガモット、サンダルウッド

サイプレス

抽出部位	葉、小枝
香	ウッディーで甘い香り
効果のある肌・髪の状態	オイリースキン、たるみ、デオドラント
心への作用	リフレッシュ、イライラ解消、ストレス解消
その他の特徴的な作用	筋肉痛、ダイエット、花粉症
相性の良い精油	シダーウッド、マンダリン、クラリセージ、マジョラム、ラベンダー

サンダルウッド

抽出部位	木部
香	深いウッディーな香り
効果のある肌・髪の状態	ドライスキン、老化肌、ニキビ、かゆみ
心への作用	リラックス、不安の解消、催淫
その他の特徴的な作用	消毒、殺菌
相性の良い精油	ベルガモット、ローズ、シダーウッド、ジャスミン、イランイラン

シダーウッド

抽出部位	木片
香	ウッディーな香り
効果のある肌・髪の状態	オイリースキン、オイリーヘア、ふけ、ニキビ
心への作用	緊張の緩和、不安の解消、精神疲労の回復
その他の特徴的な作用	関節炎、水虫
相性の良い精油	ベルガモット、サイプレス、フランキンセンス、ジュニパー、ミルラ

シナモン

抽出部位	葉、小枝
香	スパイシーな香り
効果のある肌・髪の状態	肌への使用は避ける
心への作用	気力回復、明るい気分
その他の特徴的な作用	冷え性、消化器のトラブル、リウマチ、消毒
相性の良い精油	クローブ、ユーカリ、フランキンセンス、レモン、オレンジ

ジャスミン

抽出部位	花
香	甘くフローラルな香り
効果のある肌・髪の状態	髪の状態・ドライスキン、ほてり、炎症
心への作用	高揚、リラックス、明るい気分、ストレス解消、催淫
その他の特徴的な作用	
相性の良い精油	ベルガモット、オレンジ、ローズ、イランイラン、サンダルウッド

ジャーマンカモマイル

抽出部位	花
香	りんごのような香り
効果のある肌・髪の状態	ドライスキン、ニキビ
心への作用	不眠の解消、イライラの解消
その他の特徴的な作用	PMS、神経痛、生理痛、関節炎
相性の良い精油	クラリセージ、ラベンダー、レモン、マジョラム、ローズ、ゼラニウム

ジュニパー

抽出部位	実
香	フレッシュな草の香り
効果のある肌・髪の状態	オイリースキン、むくみ、ニキビ、皮膚炎
心への作用	強壮・疲労回復
その他の特徴的な作用	ダイエット、痛風、リウマチ、生理不順
相性の良い精油	シダーウッド、ローズマリー、サイプレス、ラベンダー、ジンジャー、柑橘系の精油

ジンジャー

抽出部位	根
香	スパイシーな生姜の香り
効果のある肌・髪の状態	くすみ・むくみ
心への作用	気力の回復、自信
その他の特徴的な作用	風邪、鼻詰まり、冷え性、しもやけ、消化不良、筋肉痛、乗り物酔い、肩こり、腰痛
相性の良い精油	コリアンダー、ジュニパー、シダーウッド、サンダルウッド、ベチバー

ゼラニウム

抽出部位	葉
香	甘くフルーティでローズに似た香り
効果のある肌・髪の状態	ドライスキン、ニキビ、オイリースキン
心への作用	不安の解消、パニックの鎮静
その他の特徴的な作用	更年期障害、神経痛、下痢、消毒
相性の良い精油	ジャーマンカモマイル、マジョラム、ラベンダー、オレンジ、ネロリ、ベルガモット、ローズ、サンダルウッド

タイム

抽出部位	花、葉
香	やわらかい草の香り
効果のある肌・髪の状態	ニキビ
心への作用	記憶力アップ、精神疲労回復
その他の特徴的な作用	筋肉痛、関節炎、リウマチ、風邪、生理不順
相性の良い精油	クローブ、パイン、ユーカリ、ラベンダー、レモン

ティートリー

抽出部位	葉、小枝、木部
香	樟脳のような香り
効果のある肌・髪の状態	ニキビ、日焼け、いぼ
心への作用	明るい気分
その他の特徴的な作用	殺菌、抗ウイルス、抗真菌、消毒
相性の良い精油	クローブ、ユーカリ、ラベンダー、タイム、パイン、レモン

ネロリ

抽出部位	花
香	フレッシュでフローラルな香り
効果のある肌・髪の状態	ドライスキン、老化肌、敏感肌、しわ、デオドラント
心への作用	抗うつ、不安の解消、不眠の解消、リラックス
その他の特徴的な作用	下痢
相性の良い精油	プチグレイン、柑橘系の精油、ラベンダー、ローズマリー、ジャスミン、クラリセージ

パイン

抽出部位	葉
香	松葉の香り
効果のある肌・髪の状態	ドライスキン、老化肌、デオドラント
心への作用	リフレッシュ
その他の特徴的な作用	筋肉痛、肩こり、花粉症、リウマチ
相性の良い精油	シダーウッド、サイプレス、ラベンダー、マジョラム、ティートリー

バジル

抽出部位	全草
香	甘くスパイシーな香り
効果のある肌・髪の状態	ニキビ・うっ帯
心への作用	抗うつ、リラックス、不安の解消、不眠の解消、精神疲労回復
その他の特徴的な作用	筋肉痛、肩こり、虫除け
相性の良い精油	ベルガモット、カモマイル、ラベンダー、レモングラス、ローズ、ゼラニウム

パチュリー

抽出部位	葉
香	乾いたムスクの香り
効果のある肌・髪の状態	オイリースキン、ニキビ、しわ
心への作用	抗うつ、催淫、気力回復
その他の特徴的な作用	下痢、便秘、水虫
相性の良い精油	シダーウッド、ネロリ、オレンジ、ゼラニウム、ローズ、サンダルウッド

パルマローザ

抽出部位	全草
香	バラに似た甘い香り
効果のある肌・髪の状態	ドライスキン、オイリースキン、老化肌、しわ、ニキビ
心への作用	リラックス、高揚、不安の解消、緊張の緩和
その他の特徴的な作用	食欲促進
相性の良い精油	マンダリン、イランイラン、ローズ、シダーウッド、ゼラニウム、サンダルウッド、ベルガモット

フェンネル

抽出部位	種子
香	スパイシーでフローラルな香り
効果のある肌・髪の状態	毛穴のつまり、オイリースキン
心への作用	元気づけ
その他の特徴的な作用	ダイエット、利尿作用、便秘、解毒
相性の良い精油	ゼラニウム、ラベンダー、マジョラム、ローズ

プチグレイン

抽出部位	ネロリとおなじ木の葉、小枝
香	フレッシュな柑橘系の香り
効果のある肌・髪の状態	ニキビ、ドライスキン、老化肌、敏感肌、しわ、デオドラント
心への作用	抗うつ、不安の解消、不眠の解消、リラックス
その他の特徴的な作用	下痢
相性の良い精油	柑橘系の精油、ラベンダー、ローズマリー、ジャスミン、クラリセージ

ブラックペッパー

抽出部位	実
香	コショウの香り
心への作用	自信
その他の特徴的な作用	消化不良、便秘、風邪、冷え性、筋肉痛、肩こり
相性の良い精油	シダーウッド、フランキンセンス、パルマローザ、サンダルウッド、レモン、マジョラム、ジンジャー

フランキンセンス（乳香）

抽出部位	樹脂
香	甘くウッディーな香り
効果のある肌・髪の状態	老化肌、しわ
心への作用	リラックス、リフレッシュ
その他の特徴的な作用	消毒
相性の良い精油	シダーウッド、バジル、ミルラ、サンダルウッド、ベチバー、パイン

ベチバー

抽出部位	根
香	土のような重い香り
効果のある肌・髪の状態	ニキビ、オイリースキン、しわ
心への作用	ストレス解消、抗うつ
その他の特徴的な作用	貧血、筋肉痛、肩こり、関節炎
相性の良い精油	ラベンダー、ジャスミン、パチュリー、イランイラン、クラリセージ

ペパーミント

抽出部位	全草
香	爽快なミントの香り
効果のある肌・髪の状態	オイリースキン、ニキビ、日焼け
心への作用	リフレッシュ、怒りの鎮静
その他の特徴的な作用	消化不良、吐き気、せき、風邪、頭痛
相性の良い精油	ユーカリ、ラベンダー、パイン、ローズマリー、レモン

ベルガモット

抽出部位	果皮
香	柑橘系のフルーティな香り
効果のある肌・髪の状態	ニキビ、オイリースキン、オイリーヘア
心への作用	リフレッシュ、イライラの解消、ストレス解消
その他の特徴的な作用	消化不良、消毒、消炎
相性の良い精油	サイプレス、ゼラニウム、ジュニパー、ラベンダー、ネロリ、メリッサ、パイン、ローズマリー

ベンゾイン（安息香）

抽出部位	樹脂
香	バニラに似た香り
効果のある肌・髪の状態	ドライスキン、しわ、かゆみ、ニキビ
心への作用	ストレス解消
その他の特徴的な作用	防腐作用
相性の良い精油	ラベンダー、ネロリ、ローズ、サンダルウッド、オレンジ、乳香

マジョラム

抽出部位	全草
香	軽いスパイシーな香り
心への作用	リラックス、不眠の解消、ストレス解消、不安の解消
その他の特徴的な作用	筋肉痛、頭痛、生理痛、PMS
相性の良い精油	サイプレス、ゼラニウム、ユーカリ、ラベンダー、ローズマリ

マンダリン

抽出部位	果皮
香	柑橘系の甘い香り
効果のある肌・髪の状態	たるみ、オイリースキン、ニキビ
心への作用	不安の解消、元気づけ
その他の特徴的な作用	便秘、消化不良、解毒
相性の良い精油	ジュニパー、ラベンダー、クラリセージ、ゼラニウム、柑橘系の精油

メリッサ

抽出部位	全草
香	レモンに似た甘い香り
効果のある肌・髪の状態	敏感肌
心への作用	パニックの鎮静、不眠の解消、ストレスの解消
その他の特徴的な作用	頭痛、消化不良
相性の良い精油	ローズ、マジョラム、ラベンダー、カモマイル、柑橘系の精油

ミルラ（没薬）

抽出部位	樹脂
香	松脂のような香り
効果のある肌・髪の状態	老化肌、しわ
心への作用	気力の回復
その他の特徴的な作用	せき、風邪、消化不良、防腐作用
相性の良い精油	シダーウッド、レモン、サンダルウッド、パチュリー、フランキンセンス、ラベンダー、セージ

ユーカリ

抽出部位	葉
香	薬草のような香り
効果のある肌・髪の状態	オイリースキン
心への作用	集中力アップ
その他の特徴的な作用	感染症、関節炎、虫刺され、花粉症、消毒
相性の良い精油	シダーウッド、ラベンダー、サイプレス、レモン、パイン、マジョラム

ラベンダー

抽出部位	花
香	フローラルな甘い香り
効果のある肌・髪の状態	ニキビ、日焼け、脱毛
心への作用	リラックス、不眠の解消、ストレスの解消
その他の特徴的な作用	頭痛、筋肉痛、高血圧、やけど、消化不良
相性の良い精油	ほとんどの精油と合う

ラベンサラ

抽出部位	葉付小枝
香	さわやかなハーブ調の香り
効果のある肌・髪の状態	水虫・床ずれ・ニキビ
心への作用	ストレス・不眠の解消、パニック・不安症の改善
その他の特徴的な作用	冷え症、気管支炎、花粉症
相性の良い精油	ラベンダー、ローズマリー

ラバンジン

抽出部位	花、葉
香	シャープなフローラル
効果のある肌・髪の状態	ニキビ、日焼け
心への作用	リラックス、ストレスの解消
その他の特徴的な作用	筋肉痛、せき、カゼ
相性の良い精油	オレンジ、カモマイル、クラリセージ、ゼラニウム、ベルガモット、シトロネラ

レモン

抽出部位	果皮
香	レモンの香り
効果のある肌・髪の状態	オイリースキン、しわ、ニキビ、いぼ、オイリーヘア
心への作用	リフレッシュ、集中力のアップ
その他の特徴的な作用	食欲促進、風邪、虫除け
相性の良い精油	ほとんどの精油と合う

レモングラス

抽出部位	葉
香	青いレモンの香り
効果のある肌・髪の状態	開いた毛穴、しわ、ニキビ
心への作用	リフレッシュ
その他の特徴的な作用	食欲促進、筋肉痛
相性の良い精油	コリアンダー、ユーカリ、タイム、ベチバー、ローズマリー、ゼラニウム

ローズ

抽出部位	花
香	バラの甘い香り
効果のある肌・髪の状態	ドライスキン、日焼け、かゆみ
心への作用	抗うつ、自信、リラックス、ストレス解消
その他の特徴的な作用	PMS、便秘、胃腸炎
相性の良い精油	ベルガモット、クラリセージ、ゼラニウム、ラベンダー、ジャスミン、パチュリー

ローズウッド

抽出部位	木部
香	ウッディーでバラに似た香り
効果のある肌・髪の状態	ドライスキン、しわ、日焼け
心への作用	明るい気分、集中力アップ、ストレスの解消、催淫
その他の特徴的な作用	便秘、頭痛
相性の良い精油	ベルガモット、シダーウッド、クローブ、サンダルウッド、イランイラン、レモン、マンダリン

ローズマリー

抽出部位	葉
香	樟脳のような香り
効果のある肌・髪の状態	しわ、むくみ、脱毛、ふけ、かゆみ、ヘアケア全般
心への作用	記憶力アップ、集中力アップ、気力の回復
その他の特徴的な作用	頭痛、下痢、関節炎、ダイエット
相性の良い精油	ラベンダー、ジュニパー、オレンジ、フランキンセンス、レモングラス、パイン

ローマンカモマイル

抽出部位	花
香	りんごに似た香り
効果のある肌・髪の状態	ドライスキン、ニキビ
心への作用	不眠の解消、イライラの解消
その他の特徴的な作用	PMS、神経痛、関節炎、生理痛
相性の良い精油	クラリセージ、ラベンダー、レモン、マジョラム、ローズ、ゼラニウム

佐々木 薫（ささき・かおる）

(株)生活の木プランニングマネージャー、日本アロマテラピー協会アロマテラピープロフェッショナルとして、ハーブ・アロマテラピーの研究に携わり、ハーブ製品・ショップ・ハーブガーデンの企画・開発を担当。アロマテラピー、ハーブの楽しみ方全般を教えるカルチャースクール、セミナー、講演会の講師として活躍中。また、よみうりカルチャーセンター講師も勤める。著書には「おいしいハーブティー」「ハーブビネガー」（誠文堂新光社刊）ほか多数がある。

エッセンシャルオイルを効果的に使う お風呂でできる お手軽エステ

- ●発行日　　　　　2003年11月15日　第1刷発行
- ●監修・作品制作　佐々木 薫
- ●発行人　　　　　諸角 裕
- ●発行所　　　　　株式会社 双葉社
  〒162-8540 東京都新宿区東五軒町3番28号
  電話：03-5261-4818（営業）／03-5261-4808（編集）
  http://www.futabasha.co.jp/

- ●STAFF　編集制作　オフィス棟（ren）
  　　　　デザイン　　寺井恵司
  　　　　撮影　　　　中川カンゴロー
  　　　　スタイリング　金井まさみ
  　　　　イラスト　　ビッグ・サー・スタジオ

- ●撮影協力　株式会社 生活の木
  電話：03-3409-1781（代表）
  http://www.treeoflife.co.jp

© Office ren & Futabasha 2003　Printed in Japan
乱丁・落丁は、小社宛にご送付ください。送料は小社負担にてお取り替えいたします。
※記事及び写真、イラスト等の無断転載を禁じます。

ISBN4-575-29605-8 C0076